Namaste Nepal

Dorothea Friederici

Namaste Nepal

20 Briefe
an Manuela

Den Damen Hartmann
mit herzlichen Grüßen
von der Nachbarin
Dorothea Friederici

VERLAG DER EV.-LUTH. MISSION ERLANGEN

ERLANGER TASCHENBÜCHER BAND 64

Der Verlag der Ev.-Luth. Mission bildet
mit dem Freimund-Verlag Neuendettelsau
und dem Evangelischen Missionsverlag Stuttgart
die Verlagsgemeinschaft Weltmission

CIP Kurztitelaufnahme der Deutschen Bibliothek
Friederici, Dorothea:
Namaste Nepal, 20 Briefe an Manuela
Erlangen: Verlag der Ev.-Luth. Mission, 1982
(Erlanger Taschenbücher, Band 64)
ISBN 3 87214 153 8

NE: Friederici, Dorothea GT

Umschlaggestaltung und Karte: Helmut Herzog
Fotos: Autorin
Gesetzt aus der Rotation
Gesamtherstellung:
Druckhaus Goldammer, 8533 Scheinfeld

INHALT

Für Indira Manuela Brand

Anstelle eines Vorworts

Warum ich diese Briefe schreibe
Geboren im »Friedens-Palast«
Gelernt in Nepal
Wir sind mitverantwortlich

Im November, Mangsir ma

Namaste, Indira Manuela!

Mit diesem Gruß beginnt in Nepal jedes Gespräch. »Namaste« (ausgesprochen Namasté mit betontem ee) ist der Gruß, der zu jeder Tageszeit gilt. Er ist Begrüßung und Abschied in einem. Namaste heißt »Ich achte dich«. Mit diesem Erweis gegenseitiger Achtung begegnet man einander in Nepal.

Deine Eltern und ich haben uns in Nepal kennengelernt, wo sie eine Zeitlang dienstlich tätig waren. Dort bist Du im »Shanta-Bhawan-Hospital« in Katmandu, der Hauptstadt Nepals, geboren. Dort habe ich Dich das erste Mal gesehen, als Du gerade einige Stunden alt warst. »Shanta Bhawan« heißt »Friedens-Palast«. Kannst Du Dir einen besseren Namen für ein Missionskrankenhaus denken? Nun, im Friedenspalast geboren zu sein, ist doch sehr verheißungsvoll!

In der »Kirche Jesu Christi« an der Putali Sadak (Schmetterlingsstraße) wurdest Du von einem indischen Pastor getauft. Es war Reverend George. Er gehört zur südindischen Mar-Thoma-Kirche und war als Missionar nach Nepal gekommen. Die Mar-Thoma-Kirche führt ihren Ursprung auf den Apostel Thomas zurück und ist also älter als jede deutsche Kirche. Bei Deiner Taufe versprachen Deine Eltern und Deine Paten, Dich christlich zu erziehen. Deinen Eltern fiel dabei die Hauptaufgabe zu; ich als Deine Patentante habe

Nepal: ein Land steiler Bergmassive und reißender Flüsse; die Baumgrenze liegt bei etwa 4000 m.

nur ab und zu einmal eine Rolle in Deinem Leben gespielt. Wir haben uns manchmal Briefe geschrieben; Du warst in den Ferien bei mir, und manchmal habe ich Dir von Deinem Geburtsland Nepal erzählt.

Ich selbst habe lange in Nepal gelebt und dieses wunderschöne Himalaya-Königreich, auch seit ich wieder in Deutschland bin, regelmäßig besucht. In diesem Land und von meinen Freunden dort habe ich viel gelernt. Vielleicht reisen wir eines Tages einmal gemeinsam nach Nepal. Dann kann ich Dir zeigen, was mir lieb geworden ist, und ich kann Dir meine Freunde vorstellen.

Bis zu Deiner Konfirmation, die in 18 Monaten sein wird, werde ich Dir nun regelmäßig schreiben; so will ich Dir durch Briefe und Bilder von Deinem Geburtsland Nepal erzählen. Vielleicht kann ich Dir darin auch nahebringen, welch eine großartige Sache es ist, Mitglied der christlichen Weltkirche zu sein. Wahrscheinlich erkennst Du, daß wir hier nicht so gedankenlos im Wohlstand leben dürfen. Wir sind ja mitverantwortlich für das, was in dieser Welt geschieht. Darum sollst Du wissen, wie andere Menschen leben. Wir beide wollen beobachten und fragen lernen. Vielleicht gewinnen wir dann etwas mehr Verständnis für andere. Das ist ein erster wichtiger Schritt zum Frieden in unserer Welt.

Heute nur so viel. Bald aber bekommst du viel längere Briefe.

Deine Dorothea

Nepal, ein kleines Land

Grenzen – Gewässer – Gebirge
Das war die Malaria-Hölle
Städte im Tal
Menschen ohne Geld
Sie wissen kaum von anderen

Im Dezember, Pausch ma

Namaste, Indira Manuela!

Ich habe Dir versprochen, nun regelmäßig über Nepal zu berichten. Hoffentlich freust Du Dich über den ersten langen Brief, auch wenn er viele sachliche Informationen enthält und Dir vielleicht eher trocken vorkommt.

Ehe ich von dem erzähle, was ich erlebt habe, also etwas Erdkunde! Hast du Lust, Deinen Schulatlas aufzuschlagen? Du wirst Dir dann vieles besser vorstellen können.

Nepal heißt mit vollem Namen eigentlich »Sri Nepalá Sarkár« und ist ein kleines Land, etwa halb so groß wie die Bundesrepublik Deutschland. Im Norden liegt die chinesische Republik Tibet, und im Süden, Westen und Osten wird es von Indien begrenzt. Von West nach Ost ist Nepal etwa 800 km lang, von Süd nach Nord zwischen 150 und 250 km.

Nepal hat drei Hauptklimazonen: Im Süden, also an der Grenze nach Indien, liegt der Terai, ein großes Urwaldgebiet mit tropischem Monsunklima, Sümpfen und Nebelwäldern. Dieses Gebiet gehört noch zur Gangesebene und war lange bekannt als die Malaria-Hölle der Welt. Diese lebensgefährliche Infektionskrankheit sorgte auch dafür, daß nur sehr wenige Ausländer nach Nepal kamen. Erst eine große Kampagne

Der 'Ama Dablam' ist einer der eisigen Nachbarn des Mount Everest.

der Weltgesundheitsorganisation hat die Krankheit weitgehend ausgerottet. Inzwischen sind dort große Städte entstanden, und weite Straßen führen durch das Gebiet.

An diese südliche Region schließt sich der sogenannte Nieder-Himalaya mit Bergen an, die bis zu 3000 m hoch sind. In dieser Gebirgszone gibt es tiefe Längstäler, in denen große Städte liegen, zum Beispiel die Hauptstadt Katmandu oder weiter im Westen Pokhara. Sie haben ein subtropisch-feuchtes Klima, und im Winter wird es hier sehr kalt.

Im Norden schließlich, als Grenze nach China, findest Du im Hoch-Himalaya die höchsten Berge der Welt wie den berühmten Mount Everest (8848 m) und noch sieben weitere Achttausender. Diese Berge sind durch tief eingeschnittene Flußtäler getrennt, die zum Teil bis unter 1000 m hinabreichen. So muß ein Bergsteiger in dieser Gegend ständig sehr große Höhenunterschiede überwinden. Hier herrscht arktisches Klima; etwa ab 5000 m liegt ewiger Schnee. Dörfer und Klostersiedlungen findet man noch bis etwa 4300 m Höhe. In diesem Hochgebirge wächst natürlich nicht mehr viel; nur noch Kartoffeln lassen sich anbauen, die so zum Hauptnahrungsmittel wurden. Im Mittelgebirge und in den Tälern ernährt man sich dagegen hauptsächlich von Reis.

Die Hauptstadt Nepals heißt Katmandu und hat fast 300000 Einwohner. Diese Stadt liegt mit den Städten Patan (fast 100000 Einwohner) und Bhaktapur (etwa 90000 Einwohner) in einem riesigen Tal auf etwa 1200 m Höhe. Katmandu beherbergt die einzige Universität des Landes. Die Stadt ist Regierungssitz, und der König hat hier seinen Hauptpalast. Heute findet man in Katmandu auch sehr viele Hotels für ausländische Touristen. Jedes Jahr kommen weit über 100000 Urlauber nach Nepal, und alle verleben zumindest einige Tage in Katmandu.

Nepal gehört zu den fünf ärmsten Ländern der Welt (die Bundesrepublik Deutschland zu den fünf reichsten). Etwa 14 Millionen Menschen wohnen in diesem Land (Bundesrepublik: 62 Millionen). Man könnte also meinen, Nepal sei sehr dünn besiedelt. Das ist aber nicht so, denn ein großer Teil des Landes kann nicht bewohnt werden; die Menschen leben hauptsächlich in den Tälern. In Katmandu wohnen etwa 700 Menschen auf einem Quadratkilometer.

Das durchschnittliche Einkommen der Nepalen liegt unter 300 DM im Jahr, das heißt: Viele Menschen verdienen überhaupt kein Geld, sondern leben von dem, was sie selbst anbauen oder eintauschen können.

Natürlich gibt es auch reiche Leute in Nepal. Sie gehören meist zur Königsfamilie oder sind Großgrundbesitzer. Sie wohnen in Katmandu oder in einer anderen Stadt. Viele von ihnen waren noch nie sehr weit im Hinterland, weil dort das Reisen sehr anstrengend ist. Andererseits waren viele der armen Dorfleute noch nie in der Stadt, weil sie sich den Luxus einer Reise nicht leisten können. So kommt es, daß die Armen und die Reichen in Nepal nicht viel voneinander wissen. Die Regierung versucht, durch ein Steuergesetz die Reichen an der Entwicklung des Landes zu beteiligen, und will durch eine Landreform den besitzlosen Bauern zu eigenem Grund und Boden verhelfen. Aber bis alle diese guten Pläne wirklich durchgeführt sind, werden wohl noch einige Jahre vergehen.

Ich denke, das reicht für Dich als erste Information. Im nächsten Monat, und damit schon im neuen Jahr, kommt der nächste Brief.

Unter dem Dach der Welt

Neujahr im April
Im Jahr 2039
Staatsschulen
Staatsreligion
König der Könige
United Mission to Nepal

Im Januar, Magh ma

Namaste, Indira Manuela!

Heute also ein weiterer Brief mit allerlei Sachinformationen über Nepal. Du sollst erst noch einige Dinge wissen, damit Du die Menschen und das Leben dort richtig verstehen kannst. Von meinen Freunden und Erlebnissen in Nepal werde ich Dir dann später erzählen.

Nepal ist ein kleines Land mit eigener Kultur und eigenen Sitten und Gebräuchen. Hier gehen die Uhren im doppelten Wortsinn noch anders (wenn man zum Beispiel von Indien kommt, muß man seine Uhr um 10 Minuten vorstellen). Aber nicht nur die Uhren gehen anders: Das kleine Land hat auch einen eigenen Kalender. Das neue Jahr beginnt immer Mitte April. Am 14. April 1982 war in Nepal der erste Tag des Jahres 2039. Nach diesem Kalender, der mit der Regierungsperiode eines Königs begann, richten sich in Nepal alle Behörden, Schulen, Zeitungen und so weiter. In meinen Briefen an Dich schreibe ich immer die nepalischen Monatsnamen dazu, so daß Du auch diese kennenlernst.

Seit 1974 gibt es in Nepal Schulgeldfreiheit bis zum fünften Schuljahr. Das war das Geschenk des Königs an sein Volk anläßlich seiner Krönung. Vorher mußten die Eltern auch für die ersten fünf Schuljahre Schulgeld bezahlen, jetzt erst ab der sechsten Klasse. Aber Hefte und Schreibmaterial müssen auch in den ersten Jahren bezahlt werden. Viele Eltern haben dafür nicht das Geld, deshalb gehen noch viele Kinder nicht zur Schule. Das liegt auch daran, daß nicht in allen Dörfern Schulen vorhanden sind und die Kinder oft einen langen Schulweg von zwei oder gar drei Stunden haben. Da ist es kein Wunder, wenn manche Kinder erst mit zehn Jahren den Schulbesuch beginnen. Heute sind in Nepal noch etwa 70% der Menschen Analphabeten. Die Regierung Nepals – offiziell sagt man »His Majesty's Government« oder »HMG« – gibt etwa 12% des gesamten Staatshaushaltes für das Bildungswesen aus.

Nepal ist das einzige Land der Welt, in dem der Hinduismus Staatsreligion ist. Außer Hindus leben Buddhisten und einige Moslems in Nepal. In den westlichen Bergregionen findet man noch Animisten, also Men-

Hinduismus und Buddhismus sind in Nepal nicht streng getrennt: eine buddhistische Gebetsmühle an einem Hindutempel.

schen, die an Naturgötter und deren Kräfte glauben. Seit einigen Jahren gibt es auch Christen in Nepal.

Das Grundgesetz Nepals sagt, daß jeder Nepale von Geburt an Hindu ist. Das Staatsoberhaupt muß Hindu sein. Der König gilt als eine Inkarnation (Wiedergeburt) des Gottes Vishnu. Er hat also nicht nur königliche, sondern auch göttliche Macht. Der Hinduismus kennt überhaupt viele Gottheiten. Keiner weiß ganz genau, wie viele Götter es gibt.

Die Menschen mit hinduistischem Glauben leben in einer Gesellschaftsordnung, die sie nach einem Kastensystem aufteilt. Die Brahmanen, das sind die Priester und Lehrer, bilden die oberste Kaste. Sie haben alle Rechte. Die Soldaten, Polizisten, alle Arten Wächter gehören zur zweiten Kaste, die Händler und Kaufleute zur dritten; die Bauern und Handwerker gehören der vierten Kaste an. Es gibt auch sogenannte Kastenlose, die außerhalb des Dorfes leben müssen. Sie dürfen vom Dorfbrunnen kein Wasser schöpfen und besitzen so gut wie keine Rechte. Die Hindus glauben, daß sie in diesem Leben Not und Elend durchleben müssen und nur hoffen können, nach dem Tod in einer höheren Lebensstufe wiedergeboren zu werden. König Mahendra, der Vater des jetzigen Königs, hat das Kastensystem durch Gesetz aufgehoben. Es wird aber noch lange dauern, ehe diese alte religiöse Ordnung in den Dörfern ihre Gültigkeit verliert.

Seit 1972 regiert König Birendra das Land. Sein offizieller Name lautet: »Sri pandsh Maharadsh di Radsh Birendra Bir Bikram Sháh Deva«. In unsere Sprache übersetzt hat das etwa folgende Bedeutung: »Der Fünfte, König aller Könige, Birendra der Allmächtige aus dem Geschlecht der Könige, Gott«. Man nennt ihn den Fünften, weil Fünf die überirdische Zahl ist. Alles, was mit der Welt zu tun hat, ist Vier: Vier Jahreszeiten, vier Tageszeiten, vier Himmelsrichtungen und so weiter. Ein Gottkönig ist mehr als diese Welt, er ist darum der Fünfte.

König Birendra versucht, sein Land zu einer modernen Entwicklung zu führen. Er hat auch die Aufgabe, den Staatsrat zu bestimmen. Durch ein System indirekter Wahlen ist die Bevölkerung, die den Dorfrat wählt, auch an der Besetzung der regionalen Räte und des Zentralparlaments beteiligt. Politische Parteien wie bei uns sind seit 1961 verboten. Außenpolitisch gehört Nepal zu den neutralen, paktfreien Ländern. Es hat Freunde in aller Welt, und viele Staaten geben Entwicklungshilfe. Die Regierung Nepals hat strenge Richtlinien für diese Hilfsangebote. Keine Rolle spielt es, ob die Hilfe von einem kapitalistischen oder einem sozialistischen Staat angeboten wird. Wichtig und entscheidend ist allein, daß die Hilfe den Bedürfnissen der Menschen Nepals entspricht.

Eine der vielen Entwicklungshilfe-Organisationen, die in Nepal arbeiten, ist die »United Mission to Nepal«, eine internationale Missionsgesellschaft, der aus Deutschland die Organisation »Dienste in Übersee« und die »Gossner Mission« angehören. Die United Mission to Nepal hat einen jeweils auf fünf Jahre befristeten Vertrag mit der nepalischen Regierung und arbeitet in Projekten, die ihr von der Regierung übertragen werden. Lehrer, Ärzte, Krankenschwestern, Landwirte, Handwerker und viele andere arbeiten als Christen gemeinsam in diesem Land. Sie kommen aus mehr als fünfzehn verschiedenen Ländern, und über 30 Missionsgesellschaften haben sie nach Nepal entsandt. Der Wunsch all dieser christlichen Mitarbeiter ist es, ein wenig von der Liebe Gottes weiterzugeben an die Menschen in Nepal. Auch ich habe in dieser internationalen Missionsorganisation mitgearbeitet, zum Teil in der Dorfarbeit als Krankenschwester, zum Teil in der Stadt an einer Schule und später bei einem Stipendienkomitee.

In Nepal habe ich viel gelernt, unter anderem, daß nicht nur Reichtum und Karriere entscheidend für das Glück des Menschen sind, sondern auch das Zusammenleben mit anderen. Ich kann nur sein, weil es andere Menschen neben mir gibt. Wieviel wichtiger als Geld und Erfolg sind Sympathie und Liebe!

Die Zeit, in der ich Entwicklungshilfe geben wollte, sollte für mich eine Zeit des Lehrens werden. Wahrscheinlich war es eine Zeit des gemeinsamen Lernens für meine nepalischen Freunde und für mich. Ganz sicher aber weiß ich, daß ich viel mehr gelernt habe, als ich lehrte. Davon berichte ich Dir in den nächsten Briefen.

Von der Schwierigkeit, ein Gast zu sein

Mein Blumenstrauß
Der Rock ist zu eng
Saubere Hände
Zwölf Teller für den Besuch
Die Familie ißt danach
Was man alles falsch machen kann

Im Februar, Fagun ma

Namaste, Indira Manuela!

Nun möchtest Du sicher wissen, warum ich nach Nepal gegangen bin, welche Aufgaben ich zu erfüllen hatte und wie mein Leben dort aussah. Heute erzähle ich Dir von meinen Anfangsschwierigkeiten.

Du weißt, ich habe einmal den Beruf der Krankenschwester erlernt. Danach ließ ich mich als Sozialarbeiterin ausbilden mit dem Fachgebiet »Gesundheitsfürsorge«. Ich lernte viel über den vorbeugenden Gesundheitsdienst, über Gesundheitserziehung und alles, was in den Bereich der Sozialhygiene fällt. Dieses Wissen wollte ich nun in der Praxis anwenden, und zwar in der Entwicklungshilfe. Ich hatte mich bei der evangelischen Organisation »Dienste in Übersee« beworben, und diese schickte mich als zweite deutsche Mitarbeiterin zur »United Mission to Nepal«.

In den ersten vier Monaten meines Aufenthaltes in diesem fernen, fremden Land mußte ich eine Sprachschule besuchen und die nepalische Sprache lernen. Ich kam mir vor wie ein ABC-Schütze, vor allem, weil mir die Schriftzeichen größte Mühe bereiteten. Es gibt 43 Buchstaben. Wenn ich Dir nepalisch schriebe, dann sähe der Anfang dieses Briefes so aus:

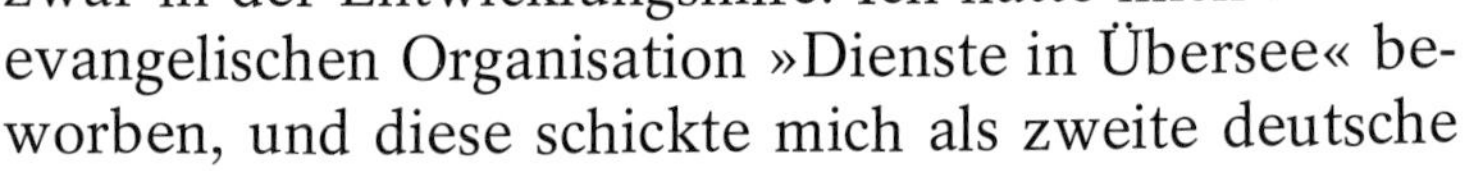

Nach vier Schulmonaten ging ich in ein Dorf. Dort sollte ich eine Gesundheitsstation einrichten. Ich war die einzige Ausländerin im Dorf, und der Anfang war gar nicht leicht. Ich habe so viel falsch gemacht! Ich will versuchen, Dir zu erzählen, was es heißt, in einer fremden Welt zu leben und zu arbeiten:

Einmal fragte mich mein Nachbar: »Darf ich Sie morgen abend zum Essen einladen?« Natürlich nahm ich diese Einladung gerne an. Schon lange wollte ich nepalisches Familienleben näher kennenlernen. Nun bot sich eine Gelegenheit.

Obwohl es im Katmandu-Tal eigentlich immer grün ist, findet man wenig Blumen. Die Menschen haben keinen Platz dafür, denn jedes Stückchen Land wird zum Akkerbau benötigt. Wilde Blumen, Feldblumen, wie wir sagen, werden als Unkraut betrachtet. Einen bunten Blumengarten zu haben, das ist schon ein Zeichen eines gewissen Reichtums. In unserem Dorf konnte sich das keiner leisten. Trotzdem war es mir gelungen, einen bunten Blumenstrauß zusammenzustellen. Ich war froh darüber, und pünktlich zur verabredeten Zeit ging ich zu meinem Nachbarn.

Als ich ankam, bemerkte ich zunächst große Verlegenheit. Der Sohn der Familie empfing mich. Ja, doch, der Vater sei da. Er komme auch gleich. Mit einer freundlichen Aufforderung führte er mich in ein völlig leeres Zimmer. Da stand ich also, angetan mit meinem schönsten Sonntagskleid, den Blumenstrauß in der Hand. Was sollte ich tun? Der Junge war weggegangen. Ich war allein, das Zimmer leer. Ich wartete.

Nach einer ziemlich langen Zeit erschien der Gastgeber. Er war erstaunt, daß ich noch stand. Warum ich mich denn nicht setzen wolle? »Bitte, nehmen Sie doch

Platz.« Ach so, natürlich, man konnte sich ja auf den Fußboden setzen. Wenn doch nur mein Kleid einen weiteren Rock gehabt hätte! Der Gastgeber lächelte. Es sei nett, daß ich so früh käme. Wir erzählten uns einiges. Ja, gegen sechs Uhr etwa werde seine Frau das Essen fertig haben. Meine Uhr zeigte unterdessen schon nach sieben Uhr. Endlich verstand ich: »Gegen sechs Uhr« ist eine Redensart und heißt so viel wie »am Abend«. Ich aber hatte das wörtlich genommen und war mit meiner deutschen Pünktlichkeit um sechs Uhr gekommen.

Verwundert blickte mein Gastgeber auf den inzwischen verwelkten und gar nicht mehr schönen Blumenstrauß, den ich noch immer in der Hand hielt. Was ich wohl damit wolle? Seine Frau solle ihn haben? Warum denn? Was soll sie denn mit dem Gras? Die so freundlich gedachte Geste mit dem Blumenstrauß für die Gastgeberin wurde nicht verstanden. Nein, Gras gibt es genug draußen, warum soll man sich das noch ins Haus holen?

Immer noch saß ich mit dem Gastgeber im leeren Zimmer auf der Erde. Meine Beine taten weh. Ich konnte wirklich kaum noch sitzen. Wo denn seine Frau sei, fragte ich. – Oh, natürlich in der Küche. – Und die Töchter? – Die auch.

Endlich kam der älteste Sohn, dann auch der andere. Sie setzten sich zu uns auf die Erde. Wir sahen uns gegenseitig an. Es gab nicht viel zu reden. Als rettende Idee kam mir das Wetter in den Sinn. »Herrlicher Sonnenschein heute, nicht wahr?« – Ja, das sei immer so um diese Jahreszeit. – »Und gar keine Wolke am Himmel. Nur klares blaues Firmament«, lobte ich weiter. – Ja, wo denn wohl die Wolken herkommen sollten? Regen gebe es doch erst im Monsun, und bis dahin würden noch einige Monate vergehen. Erstaunt sahen sich Vater und Söhne an. Komisch, diese Ausländer, schienen ihre Blicke zu sagen, sie reden über so natürliche Dinge!

Schließlich kam die Haushilfe mit einem Krug und einer Schüssel. Letztere stellte sie vor mich hin. Und nun? – Ich solle meine Hände waschen, erklärte der Gastgeber. – Ich? Hier? Wie? – Sehr erstaunt über meine Hilflosigkeit ließ er sich die Schüssel vorsetzen und zeigte mir, wie man's macht. Die Haushilfe goß ihm langsam Wasser über die Hände, während er sie über der Schüssel wusch. Ich folgte seinem Beispiel. Dann verschwand die Haushilfe wieder mit dem Krug und der Schüssel.

Wir saßen weiter verlegen da. Ich zog meinen Rock zurecht. »Aber Sie haben sich doch gerade die Hände gewaschen!« – »Ja, und?« – Na, nun seien sie doch wieder schmutzig! Er rief die Haushilfe, sagte etwas zu ihr, und sie kam wieder mit Schüssel und Krug, und wieder wusch ich mir die Hände. Danach gab ich mir die größte Mühe, nichts mehr zu berühren. Bis zum Essen müssen die Hände nach Landessitte unbedingt sauber bleiben.

Endlich kam das Essen. Auf einem großen Teller lag viel, sehr viel Reis. Ich dachte, das sei für die ganze Familie. Nein, das sollte nur meine Portion sein. Weitere zwölf kleine Teller wurden gereicht, jeweils mit anderen Beilagen: Fleisch, Eier, Fisch, Tomaten, Kartoffeln, Linsen und vieles mehr!

Der Gastgeber wünschte mir guten Appetit. Ich schaute ihn an. »Und Sie? Essen Sie denn gar nichts?« – Doch natürlich, aber erst, wenn ich fertig sei. Nach ihm dürften die Söhne essen. Die Frauen nähmen ihre Mahlzeit nur in der Küche ein. Also aß ich, Vater und Söhne beobachteten mich und forderten mich auf, mehr zu essen. Sie lachten, wenn mir die Tränen in die Augen traten, weil das Essen so scharf gewürzt war. Und ich schluckte.

Nachdem ich schon viel zu viel gegessen hatte, wurden die Teller alle weggeräumt. Wieder kam die Haushilfe mit Schüssel und Krug. Wieder sollte ich mir die Hände

Erst als ich lernte zuzuhören, begann ich, wirklich Mitglied der Dorfgemeinschaft zu werden; meine Freunde nahmen sich Zeit, mir alles zu erklären.

waschen. Diesmal war es sehr nötig, denn ich hatte mit den Händen essen müssen. Besteck gab es keins, und ich lernte langsam, daß man auch mit den Fingern sehr gepflegt essen kann.

Bald verstand ich, daß ich nun gehen dürfe. Die Einladung war beendet. Nun wollte die Familie essen! Verwirrt ging ich nach Hause.

Bevor ich die nächste Einladung zum Essen annahm, ließ ich mir die Anstandsregeln des Landes erklären. Ich lernte, daß man besser immer etwas später als zur verabredeten Zeit kommt; daß man natürlich auf dem Boden sitzt und darum besser einen langen, weiten Rock trägt. Ich lernte auch, daß die rechte Hand zum Essen immer sauber sein muß und außer der Mahlzeit nichts anderes berühren darf. Ja, schließlich erfuhr ich auch, daß man nie erwarten kann, die gesamte Familie beim Essen kennenzulernen, denn das erlaubt das von den Göttern gewollte Kastensystem nicht.

Leben in einem fremden Land heißt, viele Fehler machen. Man kann nur hoffen, freundliche und sehr tolerante Gastgeber zu treffen. Ich hatte da viel Glück und bin noch heute froh darüber.

Im juckreizerregenden Dorf

Vom Wetter und vom Straßenbau
Auf zwei Bambusstangen über den Fluß
Feuer im Mund
Zu kalt zum Kinderkriegen
König Adenauer

Im März, Cheitra ma

Namaste, Indira Manuela!

Diesmal will ich Dir einige Erlebnisse schildern, die ich bei meinen Reisen durch Nepal hatte.

Als ich 1963 zum ersten Mal nach Nepal ging, gab es nur eine große Straße im Land, nämlich die von Indien nach Katmandu. Heute hat sich vieles geändert. Neben provisorisch ausgebauten Wegen gibt es jetzt mehr als 3000 km Teerstraßen in Nepal; weitere 5000 km sind geplant.

In jedem Jahr während der großen Regenzeit sind die Straßen gefährdet, weil Erdrutsche ganze Straßenabschnitte oder Brücken wegschwemmen. So ist zum Beispiel im September 1981 die Straße von Katmandu nach Kodari an der tibetischen Grenze zerstört worden, und man rechnet damit, daß sie erst 1984 wieder befahrbar sein wird. Straßenbau und -erhaltung kosten viel Zeit, Kraft und Geld. Für ein so armes Land sind solche Ausgaben eine große Belastung.

Von Mitte Juni bis Mitte Oktober herrscht in Nepal der Monsun, und es regnet infolge großer Luftbewegungen fast ohne Unterbrechung. Kleine, fast ausgetrocknete Gebirgsbäche werden dann zu reißenden Strömen, die Felsbrocken von der Größe eines Hauses wegschwemmen. Fast in jedem Jahr werden Berghänge und Dörfer weggespült. Andererseits ist die Landwirt-

Der Weg in die Stadt zum Markt bedeutet auch einen Besuch im großen Tempel.

schaft von diesem Regen abhängig, denn die Reisfelder brauchen viel Wasser, und man hofft, daß der Grundwasserspiegel steigt, damit die Dorfbrunnen auch für die heißen Monate April und Mai genug Wasser haben.

Viele Bauern können sich und ihre Familie nur sechs bis neun Monate von dem ernähren, was sie selbst anbauen. Um möglichst lange zu essen zu haben, bebaut jeder so viel Land wie nur möglich. Die andere Zeit versuchen sie, Bananen und andere Früchte wie Ingwer oder Orangen zu verkaufen, oder sie verdienen etwas Geld im Süden des Landes als Arbeiter bei den Großgrundbesitzern. Trotzdem sind diese Monate oft Zeiten des Hungers. Deshalb roden die Nepalen sogar steile Berghänge, um neues Ackerland zu gewinnen.

Abroden führt auf die Dauer aber zu schweren Schäden. Weil ihn keine Bäume und Sträucher mehr halten, wird der Mutterboden von den Regenmassen weggeschwemmt. Man nennt das Erosion. Das Wasser fließt in die Bäche und Flüsse, die dadurch Überschwemmungen verursachen. Durch Erdrutsche kann es zur Blockierung von Flüssen kommen. So stauten sich im September 1981 riesige Wassermassen an einem Fluß in West-Nepal. Als dieser von den Regen- und Schlammassen geschaffene Damm dann brach, überschwemmte die Flut die Stadt Butwal. Mehr als 300 Menschen kamen um, über 5000 verloren ihr Hab und Gut.

Du siehst, Straßenbau und Flußregulierung sind in Nepal mit besonderen Schwierigkeiten verbunden. Darum dauert es in Nepal auch viel länger als anderswo, ehe eine Straße fertig gebaut ist. So erreicht man auch heute noch die meisten Städte und Dörfer nur zu Fuß. Entfernungen werden dann nicht nach Kilometern gezählt, sondern nach Tagesreisen, die man unterwegs ist. So erklären die Menschen ihren Wohnort zum Beispiel folgendermaßen: Ich wohne acht Tage weit nördlich von hier – oder: ich wohne fünfzehn Tage weit südlich.

Ich lebte eine Zeitlang in Okhaldunga, einer Stadt im Osten Nepals. Es sind etwa 150 km von Okhaldunga nach Katmandu. Ich brauchte gut sechs Tage für diese Wanderung. Welch anstrengende und erlebnisreiche Tage!

Ich wanderte nicht allein. Man Bahadur Tamang und Taouko Rai, zwei Kleinbauern aus unserer Nachbarschaft, hatten sich bereit erklärt, mit mir zu gehen, mein Reisegepäck zu tragen, mir den Weg zu zeigen und unterwegs für mich zu sorgen. Sie waren schon öfter als Träger tätig gewesen; aber noch nie waren sie in Katmandu, der Hauptstadt, und noch nie hatten sie eine »große Schwester« begleitet. Entsprechend aufgeregt waren sie, und ich hatte Angst vor der Strecke, die ich von der Hinreise noch in schrecklicher Erinnerung hatte.

Die ersten Stunden des Weges waren herrlich! Ich genoß die frische, klare Luft und das Vogelgezwitscher, freute mich an Enzian und Orchideen, die am Wegrand zu sehen waren. Nur der Gedanke, heute noch den steilen Berg erklimmen zu müssen, dämpfte meine Freude etwas. Der Berg Chillaune ist gewiß nie in einem Fremdenführer genannt worden. Er gehört in Nepal noch zu den Hügeln, denn er ist »nur« etwas über 3000 m hoch.

Ehe wir den Berg besteigen konnten, mußten wir einen Fluß überqueren. Gerade zwei Monate nach der Monsunzeit war er noch breit und tief. In der Mitte ragte ein großer Felsen aus dem Wasser. Schnell legten meine beiden Begleiter zwei Bambusstangen mit einem Durchmesser von 10 cm über den Fluß bis zu diesem Felsen, und wir balancierten langsam über die erste Hälfte des Flusses. Dann nahmen sie die beiden Stangen und legten sie über die zweite Hälfte des Flusses. So kamen wir fast trockenen Fußes an das andere Ufer.

Nach einer kurzen Rast begann die Besteigung des Berges. Chillaune heißt »Juckreiz-Erregender«; vorläufig aber nahm er mir nur den Atem. Steil und steiler wurde der Weg. Anfangs führte er noch durch Dörfer. Die ließen wir aber bald hinter uns, um uns herum nur noch karge Felslandschaft. Es wurde kalt und stürmisch. Die Männer waren mir weit voraus.

Wie war ich glücklich, als ich am Nachmittag allein und erschöpft endlich den Gipfel erreichte! Dort warteten meine beiden Wanderkameraden schon mit heißem Tee, der mich herrlich erfrischte und aufmunterte.

Dann ging die Wanderschaft weiter, bis nach Chillaune-Gaon, also bis zum juckreizerregenden Dorf. Warum hier wohl alles diesen eigenartigen Namen hatte? Ich fragte meine Begleiter und auch einige Dorfleute vergeblich. Als wir am Abend auf dem Balkon eines Hauses in unseren Schlafsäcken lagen, war dies die einzige Frage, die mich noch beschäftigte...

Am nächsten Morgen, kurz nach Sonnenaufgang, ging unsere Wanderung weiter. Wir hatten gut geschlafen und sahen mutig diesem neuen Tag entgegen.

Der große Pipal-Baum ist oft Dorfmittelpunkt und Anbetungsort – Symbol der Wiedergeburt, denn viele neue Bäume wachsen, ehe er stirbt.

Am Dorfausgang standen Bäume, die ich bis dahin noch nicht gesehen hatte. Sie sahen eigenartig bizarr aus. »Was sind das für Bäume, kleine Brüder?« fragte ich meine Begleiter. »Das? Das sind die Juckreizerregenden, große Schwester.« Wie hätte in dieser Gegend auch etwas anders heißen können! Wenn diese Bäume blühen, so erfuhr ich, müsse man sie meiden, denn in ihrer Nähe bekomme man schrecklichen Juckreiz. So klärte sich das Geheimnis. Der Blütenstaub dieser eigenartigen Pflanzen erzeugt eine Allergie, die starken Juckreiz hervorruft. Kein Wunder, daß die Dorfleute sich immerzu kratzten! Noch lange mußte ich bei dem Gedanken an diese Namen schmunzeln.

Weiter ging die Wanderschaft, bis ins »Dorf der Häuser«. Einige Männer saßen unter dem großen Pipal-Baum. Dieser Baum ist meist der Mittelpunkt des Dorfes. Man kann seine Bedeutung wohl mit unserer alten Dorfeiche vergleichen. Pipal-Bäume sind riesig groß; die Stämme haben einen beachtlichen Umfang, und oft ist der beschattete Platz unter dem Baum der Rastplatz der Wanderer oder wird für Dorfveranstaltungen benutzt.

Als ich diesem Platz näher kam, bemerkte ich an den gestikulierenden Männern große Aufregung. Die Frau des Dorfvorstehers war sehr krank, und man überlegte, ob man sie in das zwei Tagesreisen entfernte Krankenhaus bringen sollte, wo weiße »Didis« (große Schwestern) arbeiten, oder ob man sie wie sonst dem Medizinmann anvertrauen sollte. Als die Männer mich kommen sahen und meinen Gruß hörten, hellten sich ihre Gesichter auf. Die Entscheidung war ihnen abgenommen worden, die »weiße Didi« war persönlich gekommen. Ehe sie mir aber ihr Problem berichteten, baten sie mich, Platz zu nehmen. Ich setzte mich zu ihnen unter den einladenden Baum, und nun wurden zuerst die üblichen Höflichkeiten ausgetauscht.

Vielleicht wunderst Du Dich über die Anrede »Große Schwester« oder »Kleine Schwester«. Man gebraucht sie grundsätzlich allen Fremden gegenüber. Das heißt, daß jeder Neuankömmling erst einmal als Familienmitglied angenommen wird. Es ist der Glaube an das Gute im Menschen, der dieses Volk so großzügig und herzlich im Umgang mit dem Anderen wirken läßt. – Wer kann da noch guten Gewissens das Vertrauen mißbrauchen? In Deutschland begegnen sich die Menschen ja oft unter anderen Vorzeichen.

Nun muß ich Dir an einem Beispiel zeigen, wie das Höflichkeitszeremoniell der Männer aussah:
»Woher kommst Du, Didi?«
»Ich komme aus Okhaldunga, Dadju.«
»Wohin gehst Du, Didi?«
»Ich gehe nach Nepal.«
In den Bergen kennen nur wenig Leute den Namen der Landeshauptstadt. Wohl kaum hätten die Männer mich verstanden, wenn ich gesagt hätte: Ich gehe nach Katmandu. Die Hauptstadt ist »Nepal«, und man selbst wohnt im »Dorf der Häuser« oder wie immer der Ort heißen mag.
»Wie alt bist Du, große Schwester?«
»Ich bin einmal zwanzig und einmal zehn Jahre alt.«
»Aus welchem Land kommst Du?«
»Ich komme aus einem Land, das Deutschland heißt, große Brüder.«
»Deutschland?« Wie elektrisiert sprang der Herr Dorfvorsteher auf, nahm Haltung an, und ich traute meinen Augen und Ohren nicht: Er riß seinen Arm hoch und schrie »Heil Hitler!« Ich war erschrocken. Nur mit großer Mühe gelang es mir, den freundlichen Ton beizubehalten, als ich ihm erklärte, daß die Hitlerzeit ja zum Glück nun vorüber sei, daß wir nicht stolz sind auf das, was damals geschah, und daß wir nun in einem demokratischen Land leben.

Ja, das wußte er alles. Er hatte davon gehört und auch, daß es nun ein Ost- und ein Westdeutschland gibt. Selbst Namen wie Adenauer und Ulbricht waren nicht unbekannt. Aber was war das schon gegen die Erinnerungen an die Zeit, in der man für die Briten in der tapferen Gurkha-Armee gegen die »einzigen richtigen Soldaten der Welt«, gegen die Deutschen kämpfte! Be-

Rast auf einer Hochalm; der Yak-Hirte freut sich über Gäste und ist gern zum Gespräch bereit.

singt nicht schon ein altes nepalisches Lied die Kämpfer der »German- und Gurkha-Armee?« Nein, nichts ließ man da gelten, ich konnte sagen, was ich wollte.

Mir war dieses Gespräch sehr unangenehm, und ich mahnte meine Begleiter zum Aufbruch. Aber da erinnerte man sich plötzlich an das Problem des Tages und erzählte mir von der kranken Frau. Ob ich wohl Medizin für sie hätte? Ich ging zum Haus des Dorfvorstehers, um nach der Kranken zu sehen. Man hatte ihr im Stall ein sauberes Strohlager bereitet. Kranksein gilt bei diesen Menschen als »unrein«, und deshalb durfte die Kranke nicht im Haus bleiben.

Es war dunkel im Stall, und ich bat darum, die Frau hinauszutragen, damit ich sie untersuchen konnte. Die Männer erfüllten mir meine Bitte, und im Beisein des gesamten Dorfrates untersuchte ich die Frau. Leider konnte ich nicht helfen, sondern nur raten, sie so schnell wie möglich ins Krankenhaus zu bringen. Meine Kollegen dort wußten besser Bescheid, hatten mehr Untersuchungsmöglichkeiten und konnten dann auch die Behandlung durchführen. Ich schrieb noch einen kurzen Brief an die Kollegen im Krankenhaus, gab der Frau schmerzstillende Medizin und war wieder einmal sehr verzweifelt, weil ich nicht richtig helfen konnte. Vielleicht war jede Hilfe zu spät, wenn man die Frau nicht sehr schnell nach Okhaldunga brächte. Und das nur, weil kein Arzt in der Nähe war! Bei uns hätte man dieser Kranken viel besser helfen können!

Aber die Männer, und auch die kranke Frau, waren ja schon dankbar für die Untersuchung, für den Rat und für die Medizin, die ich geben konnte. Ja, sie wollten die Frau schnell zum Krankenhaus bringen. Vier Männer wollten den Transport übernehmen; man würde eine Hängematte aus Stoff und Bambusstangen anfertigen und sich beim Transport der Kranken abwechseln. Ich sah die beschwerliche Reise vor meinen Augen, die ihnen bevorstand: der steile Berg, der reißende, tückische Fluß, der unendlich lange Weg bis ans Ziel. Wieviel Kraft und Mut muß in diesen Männern stecken!

Als Dank für Rat und Hilfe erhielten meine beiden Begleiter und ich von den anderen Dorfbewohnern noch jeder einen Topf saurer Milch zur Erfrischung. Eigentlich mag ich keine Milch und schon gar keine saure, aber konnte ich ein so großzügiges Geschenk ausschlagen? Die Männer machten noch einige Bemerkungen darüber, wie glücklich sie sich priesen, eine echte Deutsche getroffen zu haben. Sie bedankten sich für Rat und Hilfe und wünschten uns einen guten Weg. Der Dorfvorstand ließ es sich nicht nehmen, uns bis zum Ende des Dorfes zu begleiten.

Nun, unsere Reise ging weiter bergauf, und meine beiden Begleiter waren wieder weit voraus. Obwohl die beiden all unser Gepäck trugen und ich nur meinen Photoapparat und eine Thermosflasche mit Tee, waren sie viel schneller als ich. Ich keuchte hinter ihnen her und überlegte jedesmal, ob diese Reise denn wirklich wichtig war. Bergsteigen habe ich nie richtig gelernt.

Viele Leute überholten mich, musterten mich und waren erstaunt über meine Größe und mein langsames Vorankommen. Ein alter Mann sprach mich an: »Bist du alleine, kleine Schwester?«
»Nein, meine kleinen Brüder sind voraus gegangen. Sie kochen schon den Reis.«
»Das ist gut so, kleine Schwester, denn du siehst müde aus.« Er schaute mich väterlich an und sprach weiter: »Hier, nimm diesen Rettich; wenn du ihn gegessen hast, wird es dir besser gehen.« Er reichte mir einen Rettich von einer Größe, wie ich ihn noch nie gesehen hatte; mindestens einen halben Meter war er lang. Jeder Bayer hätte seine Freude daran gehabt! Ich ließ mich überreden; der alte Mann war so väterlich und meinte es gut mit mir. Ich biß kräftig in den Rettich. Aber dann hustete und prustete ich. Die Tränen liefen mir aus den Augen, und ich schnappte nach Luft. Selbst für meine inzwischen an scharfe Gerichte gewöhnte

Zunge war dies eine Zumutung. Nach Atem ringend brachte ich noch die Worte zusammen: »Das kann ich nicht essen, großer Bruder, ich ersticke!«
Er lächelte: »Ja, kleine Schwester, wenn man Rettiche ißt, hat man Feuer im Mund. Aber mit Feuer im Mund kann man besser die Berge ersteigen. Ihr werdet unsere Berge nie besteigen können. Ihr wißt nicht, wie sehr das Feuer im Mund antreibt.« Und lächelnd ging er weiter. Ich machte noch eine kleine Pause, um dann mühsam die Bergwanderung fortzusetzen, im Arm den leuchtend weißen, allzu scharfen Rettich.

Auch meine nächsten Begegnungen erlebte ich mit einem lachenden und einem weinenden Auge.

Eine der üblichsten Fragen, die meinen Begleitern gestellt wurden, war die, ob ich ein Mann oder eine Frau sei. In Nepal ist es Sitte, daß eine Frau immer einen langen Rock und mehrere Armreifen trägt; sie zeigt niemals auch nur das Geringste ihrer Beine. Ich trug keinen Armreifen, und mein Rock reichte nur bis zur Wade. Dieses unerhörte Verhalten ließ viele daran zweifeln, daß ich eine Frau bin. Außerdem ist ja bei den Ausländern oft alles anders, und so fragte man meine beiden Begleiter immer wieder neugierig nach meinem Geschlecht.

An einer Wasserstelle trafen wir mehrere Frauen, die Wasser holten, Wäsche wuschen oder eben nur so zu einem Schwätzchen mit den Freundinnen gekommen waren. Es war eine fröhliche Runde. Als sie uns kommen sahen, musterten sie uns sehr kritisch, und dann kam auch schon die übliche Frage: »Ist das ein Mann oder eine Frau?« – »Natürlich eine Frau! Warum würden wir sie sonst mit Didi, große Schwester, anreden?«

Die Frauen beäugten mich genauer. Schließlich fragten sie weiter:
»Wieviel Söhne hat sie denn?«
»Keine.«
Langes, tiefes Schweigen.
»Wieviel Töchter hat sie denn?«
»Auch keine.«
Die Musterung wurde noch intensiver. Die jüngeren Frauen schienen Mitleid mit mir zu haben. Sie tuschelten miteinander und meinten nun zu verstehen, warum ich allein durch Nepal wandere. Mein Mann hätte mich wohl verstoßen, weil ich unfruchtbar sei. Aber die Älteste aus ihrer Runde schüttelte energisch den Kopf:
»Nein, nein! Die bekommen nicht so Kinder wie wir!«
Und erklärend fügte sie hinzu: »Bei denen ist es zu kalt.«

Ein anderes Mal trafen wir einen Schafhirten. Er war allein mit seinem Vieh auf der Alm. Ein kluger, alter Mann, der mich an den Großvater von Johanna Spyries »Heidi« erinnerte. Zur Begrüßung stellte er die üblichen Fragen nach dem Woher und Wohin. Dann fragte er weiter:
»Aus welchem Land kommst du? Aus England, Amerika oder Indien?«
Ich schüttelte den Kopf: »Nein, aus keinem der drei. Ich komme aus Germany.«
Diese Antwort reichte dem alten Herrn noch nicht, und er fragte weiter:
»West oder Ost?«, und dann, sich selbst berichtigend, fuhr er fort: »Ach, was frag' ich? Die aus Ost dürfen ja wohl nicht so einfach reisen. Da kommst du also aus West-Deutschland?« Es dauerte einige Sekunden, ehe mir klar wurde, was da geschehen war. Mitten in den

Bergen Nepals wußte ein Viehhirte etwas von den deutsch-deutschen Problemen!

Der gute Alte aber fragte weiter: »Wann bist du aus Deutschland fortgegangen?«
Ich erklärte ihm, daß das etwa zwei Jahre her sei.
Er dachte nach. »Vor zwei Jahren? Da hieß doch euer König Adenauer, nicht? Jetzt heißt euer König wohl Erhard, oder so ähnlich, ja?«
Ich war sprachlos. Dieser Hirte wußte das Neueste der deutschen Politik. Er erklärte mir später, daß er so oft wie möglich ins Dorf ginge. Dort hat der Dorfvorsteher ein Transistorradio, und er höre immer die Nachrichten. Während er sein Vieh hüte, versuche er, sich an die fremden Namen und Länder zu erinnern.

Begegnungen mit Menschen in Nepal: Diese Gegensätze! Während sich die einen noch in ihrer kleinen Welt einkapseln, nichts Neues aufnehmen, kaum verstehen, was um sie herum geschieht, öffnen die anderen Herz und Ohren und versuchen, alles aufzunehmen, was nur möglich ist. Während man bei den einen noch Unwissenheit und Naivität belächelt, setzt einen der Nächste durch enormes Wissen in Erstaunen.

Dieser Brief ist sehr lang geworden. Aber Du siehst, meine Erlebnisse auf den Reisen waren vielseitig und vielschichtig. Demnächst erzähle ich Dir einmal von den technischen Neuerungen in Nepal. Denn Straßenbau und Ausbau des Flugnetzes haben grundlegende Veränderungen für manche Dörfer gebracht, auch wenn man noch heute viele Orte nur zu Fuß erreichen kann.

Diptas einsamer Entschluß

Wenn Neujahr und Ostern auf einen Tag fallen
Im Internat wie daheim leben
Christsein kann schwierig sein
Über dem Kreuz geht die Sonne auf

Im April, Baischak ma

Namaste, Indira Manuela!

In diesem Monat feiert man in Nepal Neujahr. Wie überall in der Welt ist dies ein großer Feiertag; die Kinder haben schulfrei, die Geschäfte und Ämter sind geschlossen. Die Menschen feiern ein frohes Fest und bitten die Götter um Wohlergehen für das nächste Jahr. Man macht sich kleine Geschenke und besucht seine Freunde. Manche Leute verschicken Neujahrskarten. Das ist eine neue Sitte, die erst durch die Ausländer ins Land kam. Aber ob Karte oder Besuch, ob Tempelopfer oder Zeitungsanzeige, jeder erhofft sich für das nächste Jahr Gesundheit, Erfolg und vor allem die Gunst der Götter, die Krankheit und Not abhalten können.

Bei uns ist dieses der Ostermonat. Für Dich als Schülerin bedeutet das wohl hauptsächlich »Ferien«. Das ist ja auch eine tolle Sache, wieder einmal Zeit zu haben für das, wozu man Lust hat. Ich wünsche Dir, daß es gute Ferien sind und Du danach wieder froh zur Schule gehen magst.

Heute will ich Dir etwas über die Schule erzählen, in der ich gearbeitet habe in Nepal, und dann auch über Dipta, eine meiner ehemaligen Schülerinnen.

Ich arbeitete in der »Mahendra Bhawan Girls High School« in Katmandu. Diese war von einer englischen Missionarin gegründet worden und gehört zu den berühmtesten und besten Schulen Nepals. Über 600 Mädchen besuchen diese Schule, und davon wohnen

etwa 180 in dem Internat. Sie kommen aus sehr weit entfernten Dörfern, in denen es keine Schulen gibt. Manche der Mädchen können nur im Winter, wenn die Ferien über zwei Monate dauern, nach Hause gehen, denn der Heimweg kann bis zu drei Wochen beanspruchen. In den kürzeren Frühjahrs- und Herbstferien bleiben diese Mädchen im Internat, und wir bemühten uns dann immer, ihnen ein gutes Ferienprogramm anzubieten.

In allen Schulen Nepals wird natürlich in der Sprache des Landes unterrichtet. Trotzdem ist das für viele Kinder eine Fremdsprache, denn je nachdem, wo sie aufgewachsen sind, ist ihre Muttersprache eine andere. Es gibt über 30 verschiedene Sprachen in Nepal. Aber seit gut 200 Jahren ist die Regierungssprache »Nepalisch«.

Diese Sprache kommt aus dem indo-germanischen Sprachgebiet, andere Sprachen Nepals kommen mehr aus dem tibet-chinesischen Raum. Radio Nepal bringt Sendungen in den verschiedenen Sprachen des Landes. Aber das Ziel der Regierung ist es, eines Tages dahin zu kommen, daß alle Menschen in Nepal nepalisch verstehen. Darum wird in den Schulen nur in dieser Sprache unterrichtet.

In unserem Internat versuchten wir, alles so einzurichten, wie die Kinder es von daheim gewohnt waren. Einerseits sollte das ihnen das Einleben in der neuen Umgebung erleichtern, andererseits sollten sie in der Lage sein, sich später wieder zu Hause zurechtzufinden. So kochten wir zum Beispiel auf kleinen Lehmfeuerstellen mit Feuerholz, und die Kinder mußten selbst kochen. Alle hielten auch die Schul- und Internatsräume, den Schulhof und den Garten selbst in Ordnung. Die jüngsten Schülerinnen waren fünf Jahre alt, die ältesten ungefähr 20 Jahre. Die Größeren hatten den Kleineren zu helfen – genau wie zu Hause, wo die Kinder ja auch mitarbeiten müssen und die älteren Geschwister die Verantwortung für die jüngeren Geschwister mittragen.

Unsere Schule begann mit einer Vorschulklasse und endete mit der Klasse 10. Am Ende dieser Klasse müssen die Schülerinnen eine Prüfung machen, um das »School Leaving Certificate« zu erwerben, mit dem sie für ein College zugelassen werden; nach weiteren zwei Jahren können sie dann zur Universität.

Die große Abschlußprüfung ist eine Landesprüfung. Die Schülerinnen müssen für die schriftlichen Arbeiten an einen neutralen Ort gehen, meistens in eine andere Schule. Dort wird in ihrem Beisein der Briefumschlag geöffnet, der die schriftliche Aufgabe enthält. Die Kinder dürfen auf die Examensblätter nicht ihren Namen schreiben, sondern jedes Kind hat eine Nummer. Nur das Erziehungsministerium weiß, welche Nummer zu welchem Namen gehört. Wenn die Arbeiten geschrieben sind, werden sie eingesammelt und dem Erziehungsministerium zugestellt. Von dort werden Lehrer im ganzen Land beauftragt, die Arbeiten zu kontrollieren und zu zensieren. Da kein Lehrer weiß, welches Kind sich hinter der Nummer verbirgt, die oben auf dem Blatt steht, ist gewährleistet, daß die Arbeiten gerecht zensiert werden. Dann werden sie zum Ministerium zurückgeschickt und schließlich wieder verteilt. Das ist zwar sehr aufwendig und kostet viel Zeit. Die Schülerinnen und Schüler müssen nach der Prüfungsarbeit gut drei Monate warten, ehe sie das Ergebnis erfahren. Aber sicher wird auf diese Weise ein gutes Stück Gerechtigkeit möglich. In einem Land, in dem Kaste und Herkunft eben doch noch eine Rolle spielen, ist das sicher besonders notwendig.

Unsere Schule war sehr einfach eingerichtet. In den unteren Klassen sitzen die Kinder auf Strohmatten und schreiben auf kleinen Bänkchen, die etwa wie unsere Fußbänke aussehen. In den oberen Klassen gibt es Tische, Bänke oder Stühle. Nicht alle Klassenräume verfügen über Wandtafeln. Unsere Schule war verhältnismäßig gut ausgestattet. Wir hatten schon in der Vorschulklasse eine Wandtafel. Aber sonst gibt es nur wenig Lehrmaterial. Die Klassen sind meistens sehr groß. Bei den kleinen Kindern habe ich erlebt, daß in einer Klasse über 60 Mädchen waren. Die Lehrerinnen, die hier unterrichten, müssen schon ganz besonders gut sein, denn mit so wenig Lehrmitteln so großen Klassen Wissen zu vermitteln, ist eine schwierige Aufgabe. Unsere Schule war auch in anderer Hinsicht vorbildlich: Wir waren die ersten, die auch Mädchen regelmäßig Sport- und Schwimmunterricht gaben. Seit die Gründerin der Schule pensioniert worden ist, steht die Schule unter nepalischer Leitung.

Meine Aufgabe bestand an dieser Schule darin, das Internat zu leiten und die Gesundheitsbetreuung der Tagesschülerinnen zu übernehmen. In der Schule gab ich Schwimmunterricht und Gymnastik, in einigen Klassen Gesang und manchmal Englisch. Natürlich war die Gesundheitserziehung im 9. und 10. Schuljahr auch meine Aufgabe.

Das war ein vielseitiges Programm, und es hat mir viel Freude gemacht, mit den nepalischen Lehrerinnen zusammenzuarbeiten und mit den Kindern zusammenzuleben.

Im Internat haben wir manche Feste gefeiert. Weil ich nicht genau wußte, wie man bestimmte nepalische Feste feiert, haben wir immer ein Eigenprogramm gehabt. Im Herbst zum Beispiel, wenn 10 Tage lang das große Dassai-Fest gefeiert wird und die Kinder, die nahe genug wohnten, nach Hause gingen, haben wir mit den zurückbleibenden Schülerinnen meistens ein Ferienlager gemacht. Wir sind für einige Tage weggefahren, haben irgendwo in einem Dorf campiert und viel gespielt und gesungen. Das waren frohe Tage.

Unsere großen Feste wie Weihnachten und Ostern habe ich natürlich auch mit den Kindern gefeiert; dann mußte ich ihnen erzählen, warum wir Christen diese Feste begehen. Manche der Schülerinnen kamen aus christlichen Familien und wußten genau Bescheid. Sie haben mich sofort berichtigt, wenn ich nach ihrer Meinung etwas nicht ganz korrekt sagte. Überhaupt erzählten sich die Kinder viel über ihren Glauben – die Hindus den Christen und die Christen den Hindus.

Aber nun ein Erlebnis mit einer meiner Schülerinnen – ich erzähle Dir von Dipta.

Sie war fünfzehn Jahre alt. Ihr Vater war Söldner der britischen Gurkha-Armee und in Hongkong stationiert. Die Mutter und die jüngeren Geschwister lebten beim Vater. Nur Dipta und noch eine Schwester waren in unserem Internat. Eine Tante wohnte in Katmandu; sie kam die beiden manchmal besuchen oder holte sie ab und zu einmal zu sich.

Die Familie war eine Hindu-Familie und nahm es sehr ernst mit ihrer Religion. Die Mädchen wurden von der Tante und durch Briefe der Eltern immer wieder ermahnt, die Götter anzubeten. Aber Dipta entschloß sich eines Tages, Christin zu werden. Ihre beiden besten Freundinnen waren Christinnen und hatten ihr von Jesus Christus erzählt. Sie wollte den gleichen Glauben wie ihre Freundinnen haben, und es wurde ihr klar, daß Jesus Christus der einzige Sohn Gottes ist.

Nach mehr als einem Jahr Abwesenheit kamen Diptas Eltern zu Besuch nach Hause. Die Vorfreude der Mädchen war groß. Ganz besonders freute sich Dipta auf die langen Gespräche am Abend mit der Mutter. Sie als die Älteste hatte ein besonders inniges Verhältnis zu ihr. Es gab so viel zu erzählen. Die beiden Mädchen sollten einige Tage schulfrei haben, damit sie das Zusammensein mit den Eltern wirklich genießen konnten.

Gleich am ersten Morgen bereitete die Mutter alles für den Gang zum Tempel vor. Wieder einmal, nach so langer Zeit, wollte die ganze Familie gemeinsam am Haupttempel Opfer bringen und beten. Die Mutter freute sich darauf.

Dipta zögerte lange, aber dann sagte sie der Mutter, daß sie eigentlich nicht mitgehen wolle. Zuerst schien die Mutter das nicht zu verstehen. Als Dipta ihr dann erklärte, daß sie nicht mehr an die Götter glaube, wurde die Mutter sehr böse und sehr traurig. Sie schimpfte mit dem Mädchen und weinte, und auch der Vater regte sich sehr auf. Die Geschwister waren über Dipta zornig, weil sie die frohe Stimmung verdorben hatte. Dipta war unglücklich, denn sie wollte ihre Eltern nicht betrüben und hatte sich doch auch sehr auf das Zusammensein mit den Eltern und Geschwistern gefreut.

Die folgenden Tage verliefen nicht glücklich. Die Eltern hätten ihrer Ältesten gerne ihren Willen gelassen; aber würden die Götter dann nicht strafen? Sie fühlten, daß eine tiefe Kluft die Familie entzweite, und wußten nicht, wie sie damit fertig werden sollten.

Dipta kam einen Tag früher in die Schule zurück. Sie war in ihrer Familie sehr einsam gewesen. Ihre Freundinnen versuchten, sie zu trösten. Aber was hilft das gegen das Gefühl, mit Eltern und Geschwistern in Unfrieden zu leben? Und doch war sich Dipta sicher, daß der Glaube an Jesus Christus richtig ist.

Heute ist Dipta eine erwachsene junge Frau. Sie ist verheiratet und hat eigene Kinder. Ich weiß nicht, ob sie sich auch heute noch als Christin bekennt oder ob sie zum Glauben ihrer Familie zurückgekehrt ist.

Christsein in Nepal ist keine einfache Sache. Das Gesetz sagt, daß derjenige, der seine Religion wechselt, mit einer Gefängnisstrafe von mehreren Jahren bestraft werden kann, wenn er angeklagt wird. Wenn also ein Familienmitglied oder ein Nachbar Anstoß daran nehmen, daß jemand nicht mehr in den Tempel geht, um Opfer zu bringen, sondern sagt, daß er an Jesus Christus glaubt, kann er zur Polizei gehen und Anzeige erstatten. Verhaftung, Untersuchungshaft, Gerichtsverhandlung und Verurteilung sind die Folgen. Man kann aus der Dorfgemeinschaft ausgestoßen werden oder gar aus der eigenen Familie. Diejenigen, die die Christen anzeigen, sind meist keine bösartigen Leute, sondern Hindus und treue Bürger ihres Staates. Aber oft fühlen sie sich selbst bedroht, weil sie glauben, daß die Götter die ganze Familie oder gar das ganze Dorf strafen würden, weil einer unter ihnen abtrünnig geworden ist.

Wenn keine Anzeige erstattet wird, lebt auch ein Christ in Nepal wie jeder andere. Religionswechsel bewirkt nicht automatisch Bestrafung, sondern ist ein sogenanntes »Anzeige-Delikt«. Weil nicht alle Leute, die Christ geworden sind, auch angezeigt werden, gibt es in hohen Regierungsposten Christen, die für das Land sehr wichtige Arbeit leisten. Sie wollen den König und seine Regierung davon überzeugen, daß auch Christen gute und treue Staatsbürger sein können.

Ich schreibe diesen Brief im Ostermonat; so sollst du auch noch wissen, wie ich in Nepal Ostern erlebt habe.

Der Karfreitag war ein Schultag wie jeder andere, und ich versuchte, eine Andacht für mich allein zu halten. Den Ostersonntag plante ich, mit anderen Christen zu verleben.

Der »Sunrise-Service« am Ostermorgen begann schon vor Sonnenaufgang. Es war noch dunkel, als wir uns auf den Weg machten. Auf einem Hügel im Katmandu-Tal wollten wir Christen uns treffen. Am Tag zuvor war hier von einigen jungen Männern ein Kreuz aufgerichtet worden, und fleißige Hände hatten während der Nacht einen Altar gebaut und mit Blumen geschmückt. Es war etwas unheimlich, wie wir da durch die dunkle Nacht tapsten. Bald sahen wir aus anderen Richtungen auch Lichter, die sich zum Hügel hin bewegten: unsere Freunde, die ihren Weg wie wir mit der Taschenlampe erleuchteten. Einige Ausländer kamen mit dem Auto bis nahe an den Hügel heran, aber den Rest des Weges mußten sie zu Fuß gehen.

Der Himmel war blaßgrau als der Gottesdienst begann. Es war sehr kalt, und jeder fühlte sich wohl müde und einsam, trotz des Osterliedes, das wir gemeinsam zu singen versuchten. Wir sangen englische Lieder und auch einige in nepalischer Sprache. Der Pastor sprach ein Gebet – und dann sagten einige junge Leute die ganze Leidensgeschichte Jesu auf. In dieser kalten, grauen Morgenstimmung wurde uns noch kälter bei den Worten »Mein Gott! Mein Gott, warum hast Du mich verlassen?«

Aber dann wurde es mir plötzlich ganz warm ums Herz: Über dem aufgerichteten Kreuz ging die Sonne auf! Strahlenumkränzt stand es da! Die Kälte war weg. Die Wärme kam mit der Sonne. Und wie ein Jubelruf erklang es für uns alle: »Prabhu Jishu Uthnu bhajo!« »Jesus Christus ist erstanden!« Jeder rief es jedem zu, und das Halleluja klang so froh. Jesus lebt! – Christen aus Nepal, Amerika, England, Schweden und vielen anderen Ländern erlebten es in tiefem Einverständnis. Jesus Christus ist von den Toten auferstanden! Wir sind

Gottesdienste sind in Nepal bewegt und froh: Weil Jesus lebt, fürchten die Seinen weder Götter noch Geister und Dämonen.

eine Familie geworden! Kälte und Einsamkeit sind vergangen!

Am gleichen Tag besuchten wir Christen, die ihres Glaubens wegen im Gefängnis saßen. Wir durften durch die Eisengitter zu ihnen sprechen. Schon von weitem rief mir ein Gefangener entgegen: »Große Schwester, Jesus Christus ist auferstanden!«

Ich werde es nie vergessen, welche Freude im Gefängnis war, weil Gottes Sohn nicht dem Tod unterlag!

Meine kleinen Gesundheitspolizisten

Vorbeugen wäre besser
Paß mit drei Balken
Poster vom Rhein
Kinder krempeln ein Dorf um

Im Mai, Dschestha ma

Namaste, Indira Manuela!

Ich habe Dir im vorigen Brief schon von der Zeit berichtet, in der ich an der Schule in Katmandu arbeitete. Eigentlich aber wollte ich Dir noch sehr viel mehr von dem erzählen, was ich als Krankenschwester im vorbeugenden Gesundheitsdienst in den Dörfern erlebt habe.

Etwa 90% der Menschen Nepals leben in den Dörfern. Ich arbeitete und lebte die ersten Jahre meines Nepal-Aufenthaltes in Dörfern, erst später in der Stadt. Aber

Manche Dörfer Nepals liegen bis in 4000 m Höhe. Wer hier wohnt, führt ein rauhes und karges Leben.

auch während dieser Zeit bin ich viel in den Dörfern gewesen, einerseits weil ich meine alten Freunde besuchen wollte, andererseits um neue Freunde kennenzulernen. Ich habe Eltern unserer Schulkinder in ihren Dörfern besucht und bin in meinem Urlaub oft in die höheren Bergregionen gewandert, um deren Bewohner kennenzulernen. Man kann nicht über die Menschen in Nepal reden, ohne die Dörfer zu kennen. Noch heute wohnen die meisten meiner persönlichen Freunde auf dem Land. Einige Erlebnisse aus dem Dorf:

Ich lebte als einzige Ausländerin im Dorf. Dort sollte ich eine Gesundheitsstation einrichten. Schon bald merkte ich, daß die meisten Krankheiten, die ich behandeln sollte, Infektionskrankheiten waren, die vermieden werden können, wenn man mehr von Hygiene weiß, oder denen durch Impfungen vorzubeugen ist. Darum nahm ich mir vor, Gesundheits-Unterricht zu geben. Das war nicht immer leicht, und vieles, was mir selbstverständlich erschien, war für meine Nachbarn kaum glaubhaft oder nachvollziehbar. Wer in dieser Arbeit steht, muß viel Geduld haben und darf nicht erwarten, schnell Erfolge zu sehen.

Für die schwangeren Frauen richtete ich eine Beratungsstunde ein, und für Mütter mit Säuglingen und Kleinkindern führte ich eine Mütterberatung durch. Da wurden die Babies gemessen und gewogen, und ich versuchte, den Frauen zu erklären, wie sie ihre Kinder gesund ernähren können. Mit den Dorfbewohnern diskutierte ich über die Dorfkanalisation und allgemeine Wasserversorgung. Ein hartes Stück Arbeit!

Aber am liebsten traf ich mich mit meinen 10 bis 12jährigen Schülern. Wöchentlich einmal kamen sie in meine Wohnung. Das Dorf hatte den seltsamen Beinamen »Dorf der Kinder mit den schmutzigen Gesichtern«, und eines meiner Ziele war es, diesen Namen ungültig zu machen.

Ehe die Kinder in mein Wohnzimmer durften, mußten sie sich einer genauen Kontrolle unterziehen. Jedes Kind hatte eine Karte aus bunter Pappe, den Gesundheitspaß. In ihn wurde eingetragen, ob jedesmal Hände, Fingernägel, Gesicht, Haare und Kleider sauber waren. Freilich, »sauber« ist ein relativer Begriff. Wer die Kontrolle passiert und die Eintragung im Paß hatte, war jedenfalls sehr glücklich.

Bei mir bekamen die Kinder Unterricht; es wurde gesungen und biblische Geschichten erzählt, aber vor allem sollten sie die Grundbegriffe der Hygiene lernen. »Warum sind Fliegen keine lieben Tiere?« – »Wieso kann man von Wasser krank werden?« – »Weshalb darf man nicht einfach auf die Erde spucken?« – Diese und ähnliche Fragen beschäftigten uns während des Unterrichts.

Die Kinder kamen regelmäßig und pünktlich. Ich weiß nicht, ob der Unterricht sie wirklich so sehr interessierte. Aber wichtig war für sie alle die Eintragung im Gesundheitspaß. Fünf Wochen hintereinander mußten da Datum und meine Unterschrift eingetragen sein, dann gab es ein Geschenk! Jedes Kind, das diese fünf Wochen regelmäßig am Unterricht teilgenommen hatte, erhielt einen Bleistift; welch ein unsagbarer Reichtum war das! Dieser Bleistift wurde gehütet wie ein Schatz, und manch ein Junge oder Mädchen meinte nun, bald zum Studium zugelassen zu werden.

Nach fünf Wochen war der Unterricht noch nicht abgeschlossen. Man erhielt einen neuen Gesundheitspaß, auf dem deutlich zwei dicke Striche markierten, daß es der zweite war. Wieder sammelten sie die Eintragungen. Nach weiteren fünf Wochen, also nachdem die Kinder zehn Wochen hintereinander zum Unterricht gekommen waren, gab es eine weitere Auszeichnung. Von der deutschen Botschaft in Katmandu hatte ich einen großen Stapel bunter Poster bekommen: Bilder von deutschen Städten. Diese Poster waren der Preis für den Unterrichtsbesuch. Nun waren auch die Eltern daran interessiert, daß ihre Kinder regelmäßig zum Unterricht gingen, denn ein so schönes und so buntes Bild wollte jeder gerne in seiner Wohnung haben. – Wahrscheinlich hätten sich Leiter deutscher Fremdenverkehrsbüros sehr gewundert, ihre großartigen Werbe-Poster in nepalischen Lehmhütten wiederzufinden!

Danach gab es einen dritten Paß mit drei Strichen für jedes Kind, das weiter am Unterricht teilnehmen wollte. Inzwischen hatten die kleinen Damen und Herren tatsächlich einiges begriffen von Sauberkeit und Hygiene, und meine Anforderungen an ihre persönliche Reinlichkeit konnten größer werden. – Fünf Eintragungen in den dritten Paß, drei volle Pässe, das war das absolute Glück. Wer dieses Ziel erreicht hatte, erhielt öffentliche Aufgaben und Ehrungen.

Aus Kupferdraht, den ich mir in der Stadt besorgt hatte, habe ich Anstecknadeln gebogen. Sie waren mehr auffallend als schön, aber sie erfüllten ihren Zweck: In einer feierlichen Zeremonie wurden den Kindern diese Nadel angesteckt, und von nun an durften sie sich Gesundheits-Polizisten nennen. Welch ein Titel! Welch eine Ehre! Stolz war das Kind, das dieses Ziel erreicht hatte, und stolz waren seine Eltern, die ja damit bewiesen, daß sie ihr Kind verantwortungsvoll zum Gesundheitsunterricht geschickt hatten.

Ein Gesundheitspolizist hatte wichtige Aufgaben. Er mußte dafür sorgen, daß in der Familie das Trinkwasser abgekocht wurde. Erkrankte ein Familienmitglied, war es die Aufgabe der Gesundheitspolizistin oder des Gesundheitspolizisten, dafür zu sorgen, daß man rechtzeitig zu mir kam und sich behandeln ließ. Spuckten Vater oder Mutter, Großvater oder sonstwer auf die Erde, hielt unser »Gelehrter« einen Vortrag, warum diese

Selbstbewußt sorgen die kleinen Gesundheitspolizisten in dem Dorf mit jenem einstmals anrüchigen Namen für Sauberkeit – und geben das Gelernte weiter.

Sitte unsauber ist. Hatte jemand Angst vor einer Spritze oder vor den Reaktionen nach der Impfung – der Gesundheitspolizist erklärte und beruhigte.

Eine wichtige Persönlichkeit war dieses Kind geworden, das fünfzehn Stunden Unterricht in den Grundbegriffen der Hygiene bekommen hatte. Und die Wichtigkeit wurde sehr ernst genommen. Man war »wer«! Natürlich konnte man das Amt auch verlieren. Das geschah immer dann, wenn man dabei erwischt wurde, seine Pflichten vernachlässigt zu haben. Dann tagte das »hohe Gericht«, nämlich alle die, die auch Gesundheitspolizisten waren. Sie urteilten, ob das Amt für immer oder nur für die Zeit einer Bewährung verwirkt war. Die aus Draht gebogene Anstecknadel mußte dann zurückgegeben werden, und der Kummer war groß.

Heute weiß wohl niemand mehr, daß unser Dorf einst einen so unschönen Beinamen hatte. Meine Gesundheitspolizisten sind erwachsene Leute. Ob sie die damals gelernten Regeln auch heute in ihren Familien noch befolgen? Ich wünsche es mir und auch ihnen sehr. Ich weiß natürlich nicht, ob sie sich noch manchmal an mich und an unseren gemeinsamen Unterricht erinnern. Ich aber kann sie nicht so leicht vergessen, denn es hat mir sehr viel Freude gemacht, mit diesen eifrigen Kindern zu arbeiten.

Feste zum Überleben

Den Regengott überreden
Blutegel fürchten Salz
Der Gott fährt spazieren
Reis lädt zum Feiern ein

Im Juni, Aschadh ma

Namaste, Indira Manuela!

Der Juni ist ein ganz besonderer Monat in Nepal. Die ersten Tage sind noch schrecklich heiß. Alles ist staubig und trocken. Es hat ja seit Monaten nicht geregnet. Die großen Flüsse gleichen jetzt eher kleinen Bächen, und manch ein Bach ist nur noch ein mühsames Rinnsal. In vielen Dörfern herrscht jetzt Wassermangel, wenn die Brunnen austrocknen. Die Erde auf den Feldern ist hart und ausgetrocknet. Es sieht so aus, als könne da nie mehr etwas wachsen. Die Menschen stehen noch früher auf als sonst und machen dafür in der Mittagszeit eine Pause. Jeder sucht möglichst viel Schatten. Alle sind sehr durstig, und oft achtet man nicht mehr darauf, ob das Wasser sauber ist. Hauptsache, der Durst wird gestillt. Zu dieser Zeit kann sich kaum einer vorstellen, daß er sich im Winter über jeden Sonnenstrahl freute.

Im Juni feiert Katmandu das große Fest des Regengottes Machendranath. Er soll überredet werden, bald Regen zu schicken. Große Tempelwagen werden gebaut und durch die Stadt gezogen. So soll der Regengott vor Ort die große Dürre sehen, damit er Einsicht hat und endlich den ersehnten Regen schickt.

Dann, etwa Mitte Juni, zu Beginn des Monats Aschadh, setzt der Regen ein. Es schüttet vom Himmel, als hätte jemand alle verfügbaren Wasserhähne aufgedreht. Vier Monate regnete es nun.

Am Anfang fühlt sich jeder wie neugeboren, aber nach einiger Zeit wünscht man sich doch wieder Sonnenschein. Die schreckliche Hitze und die Trockenheit sind vergessen. Jetzt macht der Dauerregen Kummer. Die Luftfeuchtigkeit ist so hoch, daß sogar Bücher und Schuhe über Nacht eine Schimmelschicht bekommen. Alle Arten von Bakterien erwachen zu neuem Leben. Deshalb gibt es in dieser Jahreszeit wieder viele Krankheiten. Die gefährlichsten sind die Cholera- und Typhusepidemien.

Aber auch weniger gefährliche Begleiterscheinungen des Monsun machen den Menschen das Leben schwer: die unbefestigten Lehmwege weichen durch den Regen auf und verschlammen: eine weitere Brutstätte für Bakterien. Außerdem bewirkt die stickige, feuchtwarme Luft chronische Erkältungskrankheiten, die sehr oft zu Lungenentzündungen führen.

Eine weitere Plage sind die Blutegel. Sie verlassen ihre Trockenquartiere und lauern den Menschen von Bäumen und Sträuchern aus auf. Sie lassen sich auf ihr Opfer fallen, beißen sich fest und saugen sich voll Blut, bis sie fast so groß sind wie ein kleiner Finger. Vorher sind sie nur stecknadelgroß. Wenn diese »Mini-Vampire« satt sind, lassen sie sich wieder fallen, doch die Wunde blutet noch lange weiter, da die Egel vor dem Saugen ein Mittel gegen die Blutgerinnung in die Wunde spritzen.
Eine heimtückische Sache, nicht wahr? – Zum Glück gibt es ein simples Mittel gegen diese Vampire: Einige Körner Salz auf den Egel gestreut, und er läßt sofort von dem Menschen ab.

Aber die Regenzeit bringt auch eine frohe Zeit. Der Reis wird ausgesät, und wenn die Pflänzchen groß genug sind, werden sie von den Frauen in die vorbereiteten Felder gesetzt.

Gleich nach Tagesanbruch geht's auf die Felder. Die Frauen haben sich dafür geschmückt und ihren guten Sari umgewickelt. Während sie fast bis zu den Knien im Schlamm stehen und die kleinen Pflänzchen aussetzen, sitzen die Männer unter großen, schwarzen Regenschirmen am Feldrand und ermuntern die Frauen durch Gesänge und fröhliche Geschichten. Sie trinken Reisbier dazu, und trotz des Regens und der schweren Arbeit der Frauen herrscht frohe Festtagsstimmung.

Manchmal, nachdem die Reispflanzen mühevoll ausgesetzt sind, wird der Regen sehr heftig. Er schwemmt die Terrassenfelder weg, und all die Arbeit muß wiederholt werden: Felder neu terrassieren, den Reis säen und später die Pflänzchen wieder aussetzen. Viel Zeit und Mühe kostet solch ein Unwetter. Warum der Regengott Machendranath das wohl zuläßt? Bei dieser zweiten Feldbestellung ist man nicht mehr so fröhlich.

Nach der Regenzeit, im Oktober, wird es noch einmal für einige Tage richtig heiß. Dann reift der Reis, und bald kommt die Ernte. Wie lange hatte man auf diesen Tag gewartet!

Jetzt stehen die Männer auf den schattenlosen Feldern und schneiden das Getreide. Die Frauen sitzen am Feldrand unter den schwarzen Regenschirmen, die den nötigen Schatten geben. Nun ermuntern sie die arbeitenden Männer mit Liedern und lustigen Geschichten. Die Frauen trinken das Reisbier, und trotz der harten Arbeit der Männer herrscht frohe Festtagsstimmung.

Ob nun der Reis des Vorjahres reicht bis zur neuen Ernte? Einen Teil der Vorräte hatte man ja für die neue Saat verwenden müssen. Sorgen quälen die Menschen, und während die Männer von der Katastrophe reden, kreist die Wasserpfeife, und sie überlegen, wie sie die bevorstehende Hungerszeit überleben können.

Die Frauen bewahren ihren Frohsinn, indem sie versuchen, durch ein frohes Fest die allgemeine Lebensstimmung zu heben. Das ist für sie die beste Möglichkeit, mit dem schweren Alltag fertig zu werden.

Die Riesenrad-Schaukel ‚Ping' ist ohne Nägel und technische Hilfsmittel gebaut; Kinder und Erwachsene feiern nach der Ernte frohe Feste.

Zur Erntezeit gibt es einen echten Grund zum Feiern. Da wird gesungen und getanzt, den Göttern werden Opfer gebracht und die Menschen beschenkt. Alle machen sich schön und schmücken sich. Zehn Tage lang herrschen Fest- und Feiertagsstimmung. Alle Schulen und Büros und die meisten Geschäfte sind geschlossen. Die Väter bauen für ihre Kinder mächtige Schaukeln, die fast einem Riesenrad gleichen. Papierdrachen werden gebastelt, und an unendlich langen Schnüren fliegen sie in den wieder wolkenfreien, strahlend blauen Himmel. Viele junge Leute machen ein richtiges Wettspiel aus diesem Drachenfliegen. Sie präparieren durch Leim und Glassplitter die Schnüre so, daß sie messerscharf sind. Dann versuchen sie, ihren Drachen so zu lenken, daß mit der eigenen Schnur die Schnur des anderen zerschnitten wird. Da ist das Geschrei natürlich groß!
In diesen Tagen des »Dassai« ist niemand allein oder einsam. Die Dorfgemeinschaft schließt jeden ein. Die Götter haben die neue Ernte für alle gegeben. Ein jeder soll sich daran freuen! Der harte Alltag kommt früh genug.

Auch das ist etwas, was ich in Nepal gelernt habe: Man kann Feste eigentlich nicht alleine feiern, sondern braucht immer andere, die mitfeiern. In Deutschland bleiben wir eher unter uns, höchstens mit Verwandten und Freunden. Ansonsten kapseln wir uns leicht ab. Wieviel intensiver ist ein Fest, wenn es viele Menschen feiern!

Meine Freunde in Nepal würden es nie verstehen, wenn sie hörten, daß gerade während der traditionellen Feiertage viele Menschen bei uns sehr einsam sind.

Sie würden es nicht begreifen, warum vor allem zu Weihnachten so viele Menschen Selbstmord begehen. »Kann man denn wirklich froh sein, wenn der Nachbar einsam ist?« würden sie sagen.

Kennst Du das Sprichwort »Geteiltes Leid ist halbes Leid, und geteilte Freude ist doppelte Freude«? Man hört diesen alten Spruch bei uns nur noch selten. Wir haben diese weise Regel wohl vergessen. Meine Freunde in Nepal kennen dieses Sprichwort nicht, aber sie leben nach seinem Sinn. Ich meine, wir sollten in Deutschland öfter daran denken – und auch danach leben!

Angepaßte Heilkunde

Aufgeschlagenes Knie und aufgeschlagenes Ei
Frau ohne Ehe
Tee mit Milch oder Salz
Ama besetzt meine Küche
Partnerschaft ist zweiseitig

Im Juli, Schrawana ma

Namaste, Indira Manuela!

Du hast geschrieben. Ich danke Dir dafür. Von meinen Freunden aus den Dörfern möchtest Du noch mehr wissen, schreibst Du, und auch, was ich noch alles mit ihnen erlebt habe. Ach, das ist eine ganze Menge, und ich kann bestimmt nicht alles erklären und aufschreiben. Sicher ist mir vieles auch gar nicht bewußt. Aber von zwei Erlebnissen, die ich in »meinem« Dorf hatte, will ich Dir heute erzählen. Mir sind sie ganz besonders wichtig.

Ich war auf einer steilen und steinigen Wegstrecke unglücklich gefallen. Als mich die Dorfleute so in meiner ganze Länge liegen sahen, kamen sie erschrocken angelaufen und bemühten sich fürsorglich um mich. Beim Aufstehen merkte ich, daß mein Knie blutete und arg verschmutzt war.

Unter normalen Umständen hätte ich mir mein Knie schnell verbunden. Aber es war Sonntagnachmittag. Ich wollte einen Besuch im Nachbardorf machen und hatte natürlich keine Verbandstasche bei mir. Was sollte ich tun? Noch während ich da stand, kamen Fliegen und setzten sich auf die Wunde. Zu dieser Jahreszeit kann man ihrer einfach nicht Herr werden. Ich hatte Angst, eine von den Fliegen übertragene Schmutzinfektion zu bekommen. Und das alles nur, weil ich auf dem Weg unachtsam gewesen war! Mit der Hand verscheuchte ich die lästigen Fliegen und humpelte ratlos zu dem Haus der Familie, der mein Sonntagsbesuch galt.

»Ach du meine Güte, große Schwester! Wie siehst du denn aus? Was hast du denn gemacht?« Die Gastgeberin untersuchte mein blutverschmiertes und schmutziges Knie. Dann sah sie mich an: »Wie schade, eigentlich solltest du das Ei zum Essen bekommen, aber nun...« Ich schaute sie verständnislos an. Was sollte denn das heißen? Hatte ich mal wieder die Sprache nicht richtig verstanden? Wie lange würde es wohl noch dauern, bis ich meine Freunde auf Anhieb verstehen könnte?

Inzwischen war die liebe Gastgeberin in ihre Küche gegangen und stand mit einem Hühnerei wieder vor mir. Sie schlug es auf, und sehr geschickt ließ sie das Eiweiß über mein Knie laufen. Nun verstand ich gar nichts mehr. War das wieder eine der vielen mir so unverständlichen religiösen Handlungen? – Sie sah wohl mein völlig überraschtes Gesicht und lachte laut los.

»Ach, große Schwester, wie bist du doch dumm! Wenn du dein gewohntes Verbandszeug nicht bei dir hast, bist du hilflos. Was sollten wir denn wohl machen? Wir besitzen kein Verbandszeug und keine Medizin. Wir müssen uns mit Mitteln der Natur behelfen. Das angetrocknete Ei wird deine Wunde vor Schmutz schützen. Aber träum nicht wieder in den Tag, falle nicht noch einmal hin!« Sie lächelte liebevoll und ein wenig spöttisch. Ich hatte wieder einmal eine Lektion erhalten, die mir weiterhalf. So ein »Eiweiß-Verband« ist steril und luftdurchlässig, fördert die Heilung und hält Fliegen ab. Nach diesem Erlebnis habe ich in meiner Gesundheitsstation wesentlich weniger Hansaplast gebraucht und die Leute viel öfter auf das ihnen bekannte Heilmittel hingewiesen. Das nennt man dann wohl »angepaßte Heilkunde«.

Eine meiner größten Lehrmeisterinnen war Ama. Sie nannte mich »kleine Tochter« – ich nannte sie »Ama« (Mütterchen). Ama hieß richtig Lal Kumari und war meine Nachbarin, aber mir bedeutet sie sehr viel mehr.

Ich war die erste Ausländerin, die in diesem Dorf lebte, und die Leute mußten sich an allerlei gewöhnen. Es war ungewöhnlich, daß ich als Frau allein wohnte. Überhaupt, eine Frau in meinem Alter – und nicht verheiratet? Warum hatten die Eltern wohl für mich nie eine Ehe arrangiert? Denn es ist in Nepal üblich, daß die Eltern für ihre Kinder die Ehepartner aussuchen. Es kommt sogar vor, daß sich die Brautleute erst am Hochzeitstag kennenlernen, da Jungen und Mädchen in ihrer Jugend weitgehend getrennte Lebensbereiche haben. Auch heute noch werden Ehen meistens von den Eltern arrangiert. Eine alleinstehende, unverheiratete Frau ist deshalb sehr ungewöhnlich. – Aber bei Ausländern sei eben alles möglich, dachten meine lieben Nachbarn.

Trotzdem wurde ich von ihnen sehr schnell akzeptiert. Sie beobachteten mich genau und wunderten sich oft über meine eigenartigen Lebensgewohnheiten. Zum Beispiel aß ich zum Frühstück einen Brei (Müsli) oder ein Fladenbrot und nicht Reis und Gemüse wie sie. Überhaupt aß ich viel weniger Reis als sie, und sie fanden, das sei sehr ungesund. Aber sie verziehen mir mein Anderssein und zeigten mir immer wieder: Du bist in der Dorfgemeinschaft willkommen, so wie du bist.

Meine Aufgabe war es – davon berichtete ich ja schon – in diesem und den umliegenden Dörfern einen Gesundheitsdienst einzurichten. Ich war viel unterwegs und besuchte alle Dörfer, die zu meinem Bezirk gehörten, ging in die Schulen, behandelte Kranke und impfte Gesunde. Ich mußte oft vorsorglich Rechenschaft darüber abgeben, warum ich eine Schwangeren- und Mütterberatung einrichten wollte. Vieles von dem, was ich tat, war meinen Nachbarn sehr fremd.

Meistens verließ ich das Haus morgens früh nach meinem Frühstück. Alles das, was wir uns als Deutsche für ein Frühstück wünschen, Brot und Butter und Marmelade, gab es bei uns nicht. Aber ich gewöhnte mich schnell an das andere Essen. Unterwegs aß ich eine Apfelsine, ein Stück Papaya, ein paar Leeches, Guavas, Nüsse oder was die Jahreszeit sonst an Obst bot. Da gibt es leckere Dinge, die bei uns gar nicht so bekannt sind. Abends, wenn ich heimkam, versuchte ich, schnell eine Kleinigkeit zu kochen; denn meistens war ich schon sehr müde. Mit dem Petroleumkocher war das Kochen ohnehin eine mühsame Sache. Reis, Linsen und Gemüse, das normale nepalische Essen, gab es selten bei mir. Dazu reichte meine Geduld meist nicht aus.

Unterwegs wurde ich oft zum Tee eingeladen. Tee wird in diesem Teil Nepals mit viel Milch zubereitet und – wenn man hat – mit sehr viel Zucker. Als Gast bekam ich immer das Beste, also waren meine Tees meistens sehr süß, sehr weiß und darum auch kalorienreich und sättigend. Ich trinke den Tee am liebsten ohne Zucker und ohne Milch, aber diese Gastgeschenke konnte ich nicht zurückweisen. Oft gab es zum Tee gestampfte Reisflocken oder trockene Linsen. Es war zwar nie sehr viel, aber es machte satt. So hatte ich eigentlich während des Tages immer genug gegessen und war am Abend nicht sehr hungrig.

In den Bergregionen gab es ein weiteres Tee-Zeremoniell; dort würzt man den Tee mit stark riechender Butter und mit Salz. An diesen Geschmack habe ich mich nie gewöhnt. Aber Tee ist gut für den Kreislauf, Salz reguliert den Flüssigkeitshaushalt des Körpers, und Butter gibt Kraft. Alles wichtige Lebensmittel, wenn man im Hochgebirge lebt. Ein »logisches Getränk«; dennoch habe ich es nie als wohlschmeckend empfunden.

Meine Essensgewohnheiten hatten sich bald im Dorf herumgesprochen. Die Wohnungen waren nicht so getrennt wie bei uns; alles geschieht mehr oder weniger in der Öffentlichkeit.

Eines Tages, als ich müde in meine Wohnung zurückkam, stand Ama in meiner Küche. Sie schaute mich sehr energisch an. »Du hast schon drei Tage keinen Reis gegessen! Davon wird man krank!« erklärte sie mir. Ich würde alle Kraft verlieren. Dann könne ich den Dorfleuten nicht mehr helfen. Damit sei keinem gedient. Von jetzt ab wolle sie jeden zweiten Tag in meiner Küche für mich kochen. Punktum! Basta! Für Widerspruch war da kein Platz.

Ich wehrte mich gegen diese Einmischung in meine Privatangelegenheiten. Schließlich sei ich bisher ohne ihre Hilfe ausgekommen, und alt genug sei ich ja wohl auch, um selbst zu wissen, was gut und richtig für mich sei.

Aber Ama ließ nicht mit sich reden. Weil sie eine fromme Hindu-Frau war und es für Hindus wichtig ist, daß das Essen in der eigenen Küche gekocht wird, kam Ama nun jeden zweiten Tag und kochte für mich. – Ich gewöhnte mich an diese Hilfe und beruhigte mich damit, daß es Ama ja keinen einzigen Pfennig kostete, da sie ja in meiner Küche mit meinen Lebensmitteln kochte. Und Zeit hatte Ama offensichtlich genug.

Bald war Ama nicht nur eine regelmäßige Köchin, sondern auch meine engste Beraterin. Sie kannte Pflanzen und natürliche Heilmittel; sie hatte eine anerkannte Stellung im Dorf, und durch den täglichen Umgang mit ihr lernte ich viel. Ama war nie zur Schule gegangen, aber sie war weise und hatte ein großes Wissen. Wir redeten auch oft über unseren Glauben; sie erzählte von ihren Göttern, ich erzählte vom Gott der Liebe und von Jesus Christus.

Als meine Zeit im Dorf um war und der Abschied kam, war es uns beiden sehr schwer ums Herz. Wir hatten uns lieb gewonnen. Nie würden wir uns schreiben können, denn Ama hätte ja meine Briefe nicht lesen und Antworten nicht schreiben können. Es war ein Abschied für immer, und er fiel uns schwer. Ich versprach Ama, für sie zu beten, und Ama sagte, sie wolle ihre Götter um Gnade bitten für mich. Dann reiste ich ab.

Acht Jahre später kam ich wieder in »mein« Dorf. Ich hatte nicht geahnt, wie viele Freunde ich dort besaß. Es gab einen großartigen Empfang. Die Kinder von damals waren nun erwachsen, zum Teil verheiratet und selbst Eltern kleiner Kinder. Alle kamen, mich zu sehen und mich zu begrüßen. Fast sah es so aus, als zöge eine Königin in ihr Reich. Dabei war ich doch nur eine fremde Gastarbeiterin gewesen.

Das Wiedersehen mit Ama kann ich kaum beschreiben. Wir lagen uns in den Armen und weinten vor Freude. Sie zog mich in ihr Haus, und wie in alten Zeiten begann sie gleich, für mich zu kochen. Die Töpfe klapperten lauter als sonst, als seien auch sie froh, daß ich wieder da war. Während Ama in der Küche hantierte, erzählten die Nachbarinnen mir all das, was inzwischen im Dorf geschehen war.

Eine Nachbarin sagte, Ama ginge täglich in den Tempel, um für mich zu beten. Ich lachte: »Na, große Schwester, übertreibst du nun nicht ein wenig? Acht Jahre lang, jeden Tag? Sicher hat sie das nur ab und zu getan.« – Aber nein, Ama sei täglich im Tempel gewesen und habe täglich für mich gebetet.–

Offensichtlich hatte Ama in der Küche unser Gespräch verfolgt. Sie kam zu uns. »Ja, kleine Tochter, das hatten wir uns doch gegenseitig versprochen. Hast du nicht jeden Tag für mich gebetet?« – Ganz beschämt saß ich da. »Ja, ja, wir hatten uns das versprochen...«

Partnerschaft – was ist das eigentlich? Wie können wir als Fremde in weit entfernten Orten Partner sein? Ist es nicht Partnerschaft, wenn Ama für mich kocht, während ich mich um die Kranken im Dorf kümmere? Oder wenn Ama, die Hindu-Frau, täglich für mich betet, weil sie weiß, was ich so oft vergesse: daß es ohne Gottes Hilfe nicht geht. Vielleicht beweist sich Partnerschaft auch im Voneinander-Lernen. Von Ama habe ich sehr viel gelernt.

Ein Umzug mit Tücken

Vom Dorfrat erbeten
Ich war gut ausgestattet
Ein Lehmtopf gegen die Kälte
Brikett-Fabriken schlachtet man nicht
Shyam Maya und der Besteckkasten

Im August, Bhadra ma

Namaste, Indira Manuela!

In Deinem Brief bittest Du mich darum, noch mehr über dörfliche Strukturen und Lebensgewohnheiten zu berichten. Auf Deine Anfrage hin will ich Dir gleich noch einiges erzählen.

Jedes Dorf in Nepal hat einen Dorfvorstand, den sogenannten »Panchayat«. Zu ihm gehören fünf Mitarbeiter, die von den Dorfbewohnern gewählt wurden. Diese Fünf treffen alle wichtigen Entscheidungen für ihr Dorf.

In unserem Dorf war ein weitgereister, weiser Mann im Panchayat. Immer wieder hatte er neue Ideen und Vorschläge, die er in die Praxis umsetzte. In der Stadt hatte er das Krankenhaus der »United Mission to Nepal«, das Shanta-Bhawan-Krankenhaus, gesehen. Er hatte auch erfahren, daß Ärzte und Krankenschwestern in verschiedenen Dörfern arbeiten. So sollte es auch in seinem Dorf sein. Er fragte darum bei der Mission an, was man denn tun muß, damit jemand im Dorf den Kranken hilft. Dort erfuhr er, daß er mit seinem Rat einen Antrag beim Gesundheitsministerium stellen müsse. Wenn diesem Antrag zugestimmt wird, werde man die Mission beauftragen, eine Krankenschwester zur Verfügung zu stellen. Allerdings muß die Dorfgemeinschaft für eine Wohnung und ein Klinikhaus sorgen. Für die Wohnung wird die Miete bezahlt, das Klinikhaus muß das Dorf ohne Kosten zur Verfügung stellen.

Der Mann brachte es fertig, seinen Dorfrat von der Idee zu überzeugen. Der Antrag wurde gestellt und geneh-

Unser Dorf hatte eine ‚Stadtmauer', deren Tore von Tempeltieren bewacht wurden. Die Dorfleute bezeugten mir großes Vertrauen, als sie mir erlaubten, innerhalb dieser Mauern zu leben, obwohl ich den Glauben an ihre Götter nicht teilte.

migt. Die Mission bekam den Auftrag, eine Krankenschwester für den Dienst in diesem Dorf zu suchen und zu entsenden. Diese Aufgabe bekam ich.

In Bungamathi durfte ich dann ein kleines Lehmhaus mein eigen nennen, und ich freute mich sehr auf meine neue Aufgabe.

Aber ich unterschätzte die Probleme, die der Umzug und der Zwang, sich allein versorgen zu müssen, mir bereiten sollten. Was braucht man als Europäer doch alles, um einen Hausstand zu gründen! Einige Haushaltsgegenstände hatte ich aus Deutschland mitgebracht, aber noch viele Dinge mußte ich in Katmandu erstehen. Das größte Problem waren der Herd und ein Ofen, denn im Winter wird es recht kalt in Nepal; und auch im Sommer wollte ich ja kochen.

Nach vielem Überlegen erstand ich einen Petroleumkocher. Fast alle Ausländer hatten ein solches Gerät in ihrer Küche. Zwar würde ich in meinem Dorf kein Petroleum bekommen, aber einmal in der Woche sollte ja die Ärztin mit dem Landrover zu mir kommen; sie könnte dann jeweils einen Kanister Petroleum mitbringen.

Als ich mein Lehmhaus im Dorf bezog, beobachteten die neuen Nachbarn mich sehr genau. Was packte ich doch alles aus meiner großen Kiste aus: Teller, Tassen, Besteck, Kochtöpfe, Bücher, Bilder und sogar ein Transistorradio. Welch unendlicher Reichtum! Und dieser wurde durch meinen Petroleumkocher noch unterstrichen. Wer kann es sich schon leisten, täglich mit Petroleum zu kochen? Abgesehen davon, daß niemand in der Lage war, für diese Kostbarkeit den Transport zu organisieren, war Petroleum auch viel zu teuer.

Ich hatte gut reden von Sauberkeit in der Küche und abgekochtem Wasser und so weiter, da ich mir diese großartige Kücheneinrichtung leisten konnte. Natürlich fand ich gar nicht, daß meine Küche komfortabel eingerichtet war, sondern verzweifelte oft, wenn der Petroleumkocher – wir sagen heute wohl Camping-Kocher – nicht brennen wollte, wenn die Dochte nicht richtig nachbrannten und die Töpfe von unten ganz

Am Dorfbrunnen treffen sich die Nachbarinnen – zum Wäschewaschen und zum Gespräch.

schwarz wurden. Auch dauerte es immer sehr lange, ehe etwas wirklich kochte. Nein, Komfort war das nun wirklich nicht – meinte ich.

Erst im Winter entdeckte ich die Möglichkeit, aus meinem Camping-Kocher eine »Heizung« zu machen. Not macht erfinderisch! Als ich abends in Wintermantel und Handschuhen in meinem eisigen Zimmer saß, kam mir die Idee zur Lösung meines Energieproblems: In unserem Nachbardorf wohnten viele Töpfer. Sie machten Tongefäße jeder Größe: Kochtöpfe, Wasserbehälter und riesige runde Geräte zur Aufbewahrung von Reis und anderem Getreide. Ein solches Gefäß habe ich gekauft. Meine Nachbarn waren sehr erstaunt, weil sie nicht wußten, was ich damit tun wollte. Dann stellte ich meinen Petroleumkocher mitten in mein Zimmer, setzte vier Ziegelsteine rundum, stülpte dieses Gefäß darüber und wartete. Als das Feuer erst einmal das Tongefäß erhitzt hatte, strahlte eine gleichmäßige Wärme durch mein Zimmer. Eine wirklich gute Raumheizung! Meine Nachbarn waren begeistert und besuchten mich von da ab um so lieber und um so länger.

Für sie freilich blieb das Heizen immer ein Problem. Wie sie es lösten, sollte ich bald erfahren.

Als ich einmal beobachtete, wie Kinder frische Kuhfladen aufsammelten, war ich entsetzt und schimpfte mit ihnen. Wie konnten sie sich nur so schmutzig machen! Noch mehr wunderte ich mich, als ich beobachtete, daß die Mütter den aufgesammelten Kuhmist zu kleinen Ballen formten und dann mit einer geschickten Bewegung an die Hauswand klebten. Was sollte das bedeuten? Ich faßte ein Herz und fragte.

Weißt du denn nicht, große Schwester, daß dieses das beste Brennmaterial ist? Du verwendest in deinem Haushalt Petroleum. Wie wirst du es in der Regenzeit bekommen, wenn der Fluß so hoch ist, daß die Ärztin nicht mehr kommen kann? Dann wirst du ohne Brennstoff sein. Ich frage mich, womit du dann kochen wirst. – Unser Fluß wird in jedem Jahr gefährlicher. Im vergangenen Jahr hat er ein riesiges Stück Land weggerissen. Im Sommer haben unsere Brunnen immer weniger Wasser, weil das Grundwasser in jedem Jahr sinkt. Weißt du, woran das liegt? Das liegt daran, daß so viele Leute täglich Holz aus dem Wald holen. Unsere Bäume sterben ab und geben den Berghängen keinen Halt mehr. – Sieh, große Schwester, dieses Brennmaterial hier, der Kuhmist, wird uns täglich umsonst vor die Haustüre gebracht. Wenn er getrocknet ist, stinkt er nicht mehr. Und die Hände muß ich mir sowieso waschen, wenn ich Feuer gemacht habe, ganz gleichgültig, womit ich es mache.

Ich erlebte die ausgetrockneten Brunnen in der trockenen Jahreszeit und die reißenden Flüsse während der Regenzeit. Ich lernte die schlimmen Folgen der Erosion kennen, wenn nach dem Abholzen der Wälder fruchtbarer Boden von den Regenmassen fortgeschwemmt und so das Land unfruchtbar wird. Ich verstand, warum die Inder und die Nepalesen ihre Kühe nicht schlachten. Kuhmist liefern sie auch noch, wenn sie alt und schwach sind. Und wer wird schon seine eigene Brikett-Fabrik abschlachten?

Inzwischen wissen wir, daß man mit Kuhmist eine großartige Bio-Gas-Anlage einrichten kann. Die Regierung Nepals tut viel, um dieses Programm zu fördern. Der Kuhmist als Düngemittel bleibt erhalten, die Hausfrau bekommt gutes, geruchfreies Gas in die Küche, die Familie kann abends bei Gaslicht zusammensein, und das folgenschwere Abholzen des Waldes wird überflüssig.

Immer wieder mußte ich erfahren, wie wenig mir Wissen und Erfahrung aus unserer hochzivilisierten Industriekultur in Nepal bei alltäglichen Problemen halfen. Es gab für mich viele Gelegenheiten, von den Bewohnern des Dorfes zu lernen. Ein Beispiel möchte ich Dir ausführlich erzählen:

Shyam Maya war wohl etwa sechzehn Jahre alt, als ich ins Dorf zog. Ihre Eltern waren sehr arm. Noch zwei kleinere Söhne gehörten zur Familie. Aber die Aussicht, Shyam Maya einmal gut verheiraten zu können, waren gering, denn woher sollte die Aussteuer kommen?

So war die Familie froh, daß Shyam Maya bei mir Arbeit hatte. Natürlich machte ich Photos von dem Mädchen, von seiner Familie und auch von anderen Dorfleuten. Als sie entwickelt waren, zeigte ich sie zuerst Shyam Maya. Wie war ich überrascht, als sie nichts darauf erkannte. Nichts! Weder sich noch die anderen Dorfleute, nicht das Haus noch sonst etwas. Erst langsam begann ich zu verstehen, daß Shyam Maya und all die anderen Menschen, die nicht von klein an mit Büchern und Bildern umgehen, Schwierigkeiten haben, die dreidimensionale Wirklichkeit in solchen Fotos zweidimensional wiederzuerkennen. Wie grundlegend wichtig war diese Erkenntnis für den Unterricht, den ich später erteilte!

Ich hatte versucht, Shyam Maya zu erklären, wie man mit Messer, Gabel und Löffel umgeht. Ich hatte ihr erklärt, wie man den Tisch deckt. Aber täglich brachte sie alles durcheinander. Eines Tages war es ihr dann wohl zuviel: Sie legte einfach alles Besteck, das ich hatte, hübsch ordentlich nebeneinander auf den Tisch. Nun konnte ich mir ja aussuchen, was ich haben wollte.

Diese trotzige Reaktion des Mädchen schockierte mich erst, aber dann brachte sie mich zur Besinnung. Was tat ich denn da? Ich versuchte, diesem Mädchen zu erklären, daß das Essen mit den Händen unzivilisiert sei, und ich hatte versucht, ihr meine Kultur als alleingültig aufzuzwingen.

Von da ab saßen Shyam Maya und ich bei den Mahlzeiten gemeinsam auf der Erde, wir aßen mit den Fingern, und bald lehrte mich das Mädchen, dies so geschickt zu tun, wie sie es tat. Während des Essens erzählte sie von Sitten und Gebräuchen, vom Leben der Nachbarn, von Glauben und Ängsten der Dorfleute. Ich lernte, daß andere Sitten und Gewohnheiten in ihrer jeweiligen Umgebung sehr wohl ihren Sinn und ihre Berechtigung haben. Ich erfuhr sehr viel über das gemeinsame Leben im Dorf.

Die Analphabetin Shyam Maya, die weder schreiben noch lesen konnte, wurde meine Lehrmeisterin. Und

Nur wenige Mädchen können zur Schule gehen; die vierklassige Schule unseres Dorfes wurde fast nur von Jungen besucht. Eltern, die ihre Töchter zur Schule schicken, sind meist nicht mehr ganz arm und aufgeschlossen für neue Ideen.

noch nachträglich bewundere ich ihre Geduld. Ich hätte gerne auch so viel Geduld, wenn Ausländer zu uns kommen.

Den Göttern zum Opfer

Ein Tempel vor meinem Haus
Musik der Männer bis zum Morgen
Vom Fest des ersten Haarschnitts
Das Sterben eines Kindes

Im September, Aschwin ma

Namaste, Indira Manuela!

Die Religion der Menschen in Nepal ist mir trotz großen Bemühens in vielem unverständlich und fremd geblieben.

Es hat mich immer sehr beeindruckt, wie sehr die Menschen von ihrer Religion geprägt waren. Alles, was sie taten, hatte mit ihrem Glauben zu tun, und oft wünschte ich mir und uns Christen mehr von ihrer tiefen Frömmigkeit.

Du weißt, ich wohnte als einzige Ausländerin im Dorf. Man hatte mir ein Haus gleich an der Hauptstraße gestellt. Unten war meine Klinik, wo ich arbeitete, und oben wohnte ich. Es war ein schönes Haus, und ich genoß den Vorteil, mitten im Dorf zu wohnen. So erlebte ich fast alles mit, was meine Nachbarn taten und erlebten. Oft wurde ich geweckt durch Prozessionen, die an meinem Haus vorbei zum Haupttempel zogen. Das Dorf war das Religionszentrum des Newar-Volksstammes. Eigentlich sind die Newars Buddhisten, aber so genau sind die Grenzen zwischen Hinduismus und Buddhismus in Nepal nicht gezogen, und unser Dorf war da besonders großzügig. Man betete alle Götter an, die man kannte. Der eine hieß Vishnu, der andere Krishna, der nächste Buddha, und vielleicht gibt es

Fast zu jedem Haus gehört ein Tempel; fromme Menschen bemühen sich, die vielen Gottheiten, an die sie glauben, zufriedenzustellen.

auch einen, der Jesus Christus heißt. Meine Dorfnachbarn nahmen diese Namen nicht so genau.

Zu dem Haus, in dem ich wohnte, gehörte ein kleiner Tempel. Die Gottgestalt, die darin steht, ist schwarz und sieht schrecklich aus. Aber die Türe des Tempels ist wunderschön, uralte kunstvolle Holzschnitzerei. Ich bewunderte das immer wieder.

Täglich kam die Familie des Hausbesitzers zu diesem Tempel. Man brachte Opfergaben, Reis, Gemüse, Eier oder Blumen, läutete die Glocken, sprach oder sang ein Gebet und hatte seine Gebetspflicht damit für diesen Tag erfüllt. Wieder und wieder beobachtete ich diese Zeremonie, und ich bewunderte, mit welcher Regelmäßigkeit sie begangen wurde, denn weder Regen noch Hitze noch viel Arbeit konnte die Menschen abhalten, diese halbe Stunde für die Götter zu opfern.

Aber dann kam ein Monat, der diesem Gott ganz besonders geweiht war. Täglich kamen alle Männer der Großfamilie gegen Abend zum Tempel. Das waren wohl 20 jüngere und ältere Männer. Sie sangen, beteten, musizierten bis zum frühen Morgen. Trommeln, Schellen, Zimbeln, Yakhörner, Handorgeln und große Muscheln gehörten zum Orchester. Ich bewunderte die Hingabe dieser Männer. Sie hatten tagsüber hart gearbeitet; nun saßen sie hier im Tempel, von abends acht bis morgens drei Uhr oder noch länger. Und um sechs begann dann wieder der Arbeitstag. Ich weiß nicht, wie sie das ausgehalten haben. Ich jedenfalls war froh, daß ich ab und zu für eine Nacht zu Freunden gehen konnte, um wieder einmal ohne Gesang zu schlafen. Ich fragte natürlich nach dem Sinn des Festes und erfuhr dabei die Geschichte des Tempels:

Er wurde vor etwa einhundert Jahren gebaut. Der damalige Hausbesitzer, Urgroßvater meines Vermieters, hatte zwei Frauen. Eine war ihm von der Familie angetraut worden. Sie kam aus der gleichen Kaste wie er und war seine offizielle Frau. Aber dann gab es noch eine zweite. Sie hatte er geheiratet, weil er sie liebte, obwohl sie aus einer niederen Kaste war. Du mußt wissen, daß es früher in Nepal die Mehrehe gab. Seit einigen Jahren ist das dem Gesetz nach verboten; jetzt dürfen die Männer nur eine Frau heiraten. Aber damals war das eben noch anders.

Beide Frauen des Hausbesitzers hatten ihm Söhne geboren, und er hätte eigentlich darum viel Grund gehabt, zufrieden zu sein – wenn da nicht die Sache mit dem Haarschnitt gewesen wäre.

Wenn ein Junge sechs Jahre alt wird, zelebriert man im Tempel das Fest des ersten Haarschnitts. Es war aber undenkbar, daß der Sohn der offiziellen Frau dieses Fest im gleichen Tempel feiern sollte wie der Sohn der anderen Frau. Weil Vater und Mutter einer höheren Kaste angehörten, konnte der Sohn der ersten Frau sein Fest im Haupttempel feiern. Aber der Sohn der anderen Frau – wo sollte er dieses Fest feiern? Diese Sorge quälte den Vater, und er wußte keinen Ausweg. Schließlich fiel ihm die Lösung ein: Für den Sohn seiner Lieblingsfrau baute er einen kleinen privaten Tempel, gleich hinter seinem Wohnhaus. Hier konnte dieser Sohn nun sein Haarschnitt-Fest feiern. Und seine Nachkommen beten in diesem Tempel täglich, bis zum heutigen Tag.

Dieses Fest des ersten Haarschnitts wird nicht von allen Familien gleichermaßen gefeiert. Ich habe es nur in diesem Newar-Dorf erlebt und dann noch vereinzelt bei anderen Familien. Ich weiß nicht, wonach das entschieden wird. Jedenfalls begegnet man manchmal kleinen Jungen, die mit langen Haaren herumlaufen. Ihre Haare werden nicht geschnitten bis zu diesem Tag. Dann wird ihr Kopf kahl rasiert; nur ein kleiner Haarschopf in der Mitte bleibt stehen. Nach dieser Rasur gehören die kleinen Jungen zur Religionsgemeinschaft. Die Haare dürfen sie nun pflegen und schneiden wie jeder andere. Wir würden wohl sagen, daß das Kind nun »in die Kirche« aufgenommen sei.

Dieses Fest blieb mir in seinem tieferen Sinn unverständlich. Aber es war ein frohes Fest, und ich freute mich mit den jungen Familien, wenn dieser erste Schritt zum Erwachsenwerden der Söhne getan war. Andere Feste waren noch weniger verständlich, und manche Sitten und Gewohnheiten haben mich eher belastet. Manchmal kostete es mich schlaflose Nächte, wenn ich wieder einmal gar nicht verstehen konnte, was meine Nachbarn bewegte. So ging es mir bei dem folgenden Erlebnis. Es hat sehr lange gedauert, bis ich überhaupt davon sprechen konnte.

Eines Tages stand sie weinend vor mir, Hira Kumari, die Witwe, die wohl die ärmste Frau unseres Dorfes war. Ihr ungefähr zehnjähriger Sohn war sehr krank. Sie wollte, daß ich ihm helfe. Hira Kumari gehörte keiner Kaste an und wohnte deshalb außerhalb des Dorfes. Sie hatte kein eigenes Stückchen Land und wurde von niemandem im Dorf geachtet.

Der in manchen Gegenden übliche Haarschnitt, durch den Jungen in die Gemeinschaft aufgenommen werden, ist für die Betroffenen nicht immer ein frohes Fest.

Zwar hat die Regierung Nepals das Kastengesetz offiziell aufgehoben. Vor dem Gesetz hat es keine Geltung mehr. Aber bis diese religiösen Regeln auch in den Dörfern überwunden werden, das dauert wohl noch lange. Bislang halten sich die meisten Menschen daran, auch in unserem Dorf.

Den einzigen Trost, den Kastenlose haben, ist der, nach dem Tod in einer neuen Lebensstufe wiedergeboren zu werden. Wenn sie dieses Leben mit allem Elend und aller Not ohne Murren durchlebt haben, dann hoffen sie, in einer höheren Kaste wiedergeboren zu werden. Dieses »Leben – Sterben – Wiedergeborenwerden« war die Hoffnung, mit der auch Hira Kumari lebte.

Sie wußte genau: Wenn sie alt würde, dann würde ihr Sohn für sie mitbetteln, für sie mitarbeiten und für sie sorgen, so gut er konnte. Dann käme die Erlösung, der Tod, und mit ihm die Wiedergeburt in die nächsthöhere Lebensstufe. Für dieses Leben gab es keine Hoffnung, aber für das nächste. Alles, was sie jetzt erhoffen konnte, war, daß der Junge später, wenn er groß war, Arbeit fände und sie sich dann gemeinsam darum bemühen könnten, die Götter gut zu stimmen, damit das nächste Leben besser würde.

Doch dieser Sohn, der so zu ihrem Leben gehörte, war nun krank geworden. Die Aussicht, für ein krankes Kind sorgen zu müssen, schien ihr zu hart. War es nicht genug Not, die sie jetzt schon hatte? Hira Kumari wußte, daß ich Kranken helfe, ohne zu fragen, welcher Kaste sie angehören. Sie wußte auch, daß sie bei mir Medizin erhielt, ohne teuer bezahlen zu müssen. Wie es sich für eine »Unberührbare« gehörte, wartete sie, bis alle anderen Patienten meine Klinik verlassen hatten. Dann kam sie und brachte ihren kranken Sohn.

Ich untersuchte das Kind, und es wurde mir klar, daß hier nur Spritzen helfen konnten. Das Kind würde sonst kaum länger als noch vierundzwanzig Stunden leben. Ich war froh, das nötige Medikament zu haben, und während ich Hira Kumari erklärte, wie ernst es um ihr Kind stand, machte ich die Spritze fertig. Aber da geschah das Unglaubliche: Hira Kumari erlaubte mir nicht, ihrem Sohn die lebensrettende Spritze zu geben. Ich erklärte ihr immer wieder, daß der Junge sterben würde, wenn er diese Spritze nicht bekäme. Sie aber wehrte sich. – Ich schimpfte mit der unverständigen Frau; ich schrie sie an, sie sei unmenschlich. Ich wollte sie beiseiteschieben und dem Kind die Spritze geben, gegen den Willen der Mutter. Das Kind weinte, ich schrie, die Mutter schrie. Nein, nicht sie, sondern ich sei unmenschlich! Sehr wohl hätte sie verstanden, daß das Kind sterben müsse, aber lieber wolle sie das, als daß der Junge die Spritze bekäme. Nach langem Kampf gab ich auf. Was sollte ich tun? Ich war verzweifelt. Als ich ruhiger wurde, erklärte mir Hira Kumari, warum sie nicht wollte, daß der Junge die lebensrettende Spritze bekommt.

»Wir sind Unberührbare«, sagte sie. »Der Junge wird nie in seinem Leben zur Schule gehen dürfen. Der Junge wird nie in seinem Leben ein Stück Land besitzen. Er wird nie auch nur Wasser aus dem Dorfbrunnen schöpfen dürfen. Er wird immer der Unberührbare, der Schmutzige bleiben. Seine Familie, seine Kinder, die er vielleicht einmal haben wird, ebenso. Wenn mein Kind jetzt stirbt, dann wird es vielleicht in einer höheren Kaste wiedergeboren. Soll ich meinem Kind dieses Glück nicht gönnen?«

Weinend nahm Hira Kumari ihr stöhnendes Kind nach Hause. Der Junge ist in der folgenden Nacht gestorben. Die Mutter hat das einzige, was ihrem Leben Sinn gab, verloren, weil sie ihr Kind liebte. Hilflos stand ich als Christ daneben.

Erst nach diesem Erlebnis habe ich verstanden, welch ein Privileg es ist, von einem Gott zu wissen, der uns jetzt liebt, der uns jetzt das Heil schenkt und der uns seinen eigenen Sohn sandte, damit wir keine Opfer mehr bringen müssen. Manuela, wie dankbar können wir sein, weil wir von Jesus Christus wissen!

Coca-Cola-Touristen

Reisen damals und heute
Im Bus zum Tee nach Tansen
Ein Bier für Tisch vier
Bring keine fremden Fotografen mehr mit!

Im Oktober, Kartik ma

Namaste, Indira Manuela!

Der vorige Brief war voller Probleme und schwer verständlicher Dinge. Es wird immer Dinge geben, die wir bei anderen Menschen nicht verstehen können. Wir sollten dieses Anderssein respektieren. Vieles, was wir tun, ist für andere Menschen ebensowenig zu verstehen. In der Achtung vor den Sitten und Gebräuchen der anderen und im Respekt vor ihrer Kultur aber können wir beweisen, daß wir wirklich bereit sind, Freunde zu sein.

Äußerlich hat sich in den letzten Jahren in Nepal vieles verändert. König Birendra und seine Regierung haben gründlich geplant, beraten und umstrukturiert. Ausländer aus verschiedenen Ländern kamen, um in Nepal zu helfen. Manches, was vor einigen Jahren noch unvorstellbar erschien, ist heute Selbstverständlichkeit geworden. Damals hätte wohl kaum jemand geglaubt, daß eines Tages weite Autofahrten in Nepal möglich sein würden.

Katmandu ist inzwischen zu einem Touristenzentrum geworden. Das liegt einmal an der wunderschönen Landschaft, an den alten Tempeln, den malerischen Straßen und Häusern. Aber es liegt auch daran, daß große und teure Hotels gebaut wurden, die Verwaltung

Im Tourismus-Geschäft werden jetzt ehemals sakrale Dinge für Fremde in Massenproduktion gefertigt; das verdirbt die Qualität der Waren und zerstört alte Werte zugunsten des neuen Wertes ‚Geld'.

des Landes besser wurde und das Land sich immer mehr den internationalen Gewohnheiten angleicht. Das bringt Vorteile und Nachteile. Heute will ich Dir von den technischen und sozialpolitischen Veränderungen in Nepal berichten. Du kannst dann besser verstehen, daß Entwicklung und sogenannte Zivilisation nicht nur Vorteile für Menschen in anderen Ländern bringen. Sie übernehmen ja nicht nur die guten und schönen Dinge der modernen Welt, sondern ungewollt kommt das Ungute gleich mit. Aber lies selbst und bilde Dir ein eigenes Urteil!

Als ich im Januar 1963 das erste Mal nach Nepal reiste, konnten nur kleine Propeller-Flugzeuge den Flugplatz von Katmandu anfliegen. Start und Landung waren abhängig von der Witterung, was große Zeitverschiebungen mit sich brachte. Zwölf Jahre später kam ich von Kalkutta aus mit einer Düsenmaschine nach Katmandu. Das Flugzeug flog pünktlich ab und kam pünktlich an.

Als ich damals in Katmandu gelandet war, konnten wir ohne besondere Zoll- und Paßkontrolle den Flugplatz verlassen. Der Landrover der »United Mission to Nepal« kam fast bis an das Flugzeug heran, um unser Gepäck einzuladen. – Jetzt gibt es in Katmandu ein modernes Flughafengebäude. Der Visumantrag wird gleich bei Betreten des Gebäudes verteilt. Tische und Stühle sind da, damit jeder sitzend seinen Antrag ausfüllen kann. Die Beamten am Einreiseschalter arbeiten schnell, sind freundlich und sprechen gut Englisch. Wie an jedem anderen internationalen Flughafen in der Welt muß der Passagier auf sein Gepäck warten. Die Zöllner fragen nach zollpflichtigen Gegenständen und machen Stichproben bei der Gepäckkontrolle. Sie sind freundlich und bestimmt.

Damals mußten wir zu einer bestimmten Zeit zu einer Bank gehen, um unser Geld in nepalische Rupien umzutauschen. Im Notfall konnten wir uns aber mit indischen Rupien behelfen. – Heute gibt es am Flugplatz einen Schalter der Staatsbank. Hier kann jeder Tourist das nötige Geld umtauschen. Das Einführen indischer Rupien ist jedem Europäer und Amerikaner verboten. Man erhält ein Formular, in das der Bankbeamte einträgt, wieviel Geld der Ankommende umgetauscht hat. Für jeden Tag des Aufenthaltes muß es ein bestimmter Betrag sein. Bei der Erteilung des Visums wird darauf geachtet.

Damals gab es nur sehr wenige Autos in Katmandu. Wäre nicht der Jeep der »United Mission to Nepal« am Flugplatz gewesen, uns abzuholen, hätten wir einen anderen Autobesitzer, der zufällig am Flugplatz war, bitten müssen, uns mitzunehmen. – Heute wird man von einem Schwarm Taxifahrern empfangen und umworben. Sie fahren meist japanische Wagen. Um den Fahrpreis handelt man nicht mehr, denn Taxameter zeigen den genauen Betrag an.

Damals gab es Verkehrsregeln wohl nur auf dem Papier. Die Straßen waren eng und schlecht. Kinder, Kühe, Schweine, Gepäckträger liefen auf den Straßen, und die Autofahrer mußten im Slalom durch das Gewirr ihren Weg finden. – Heute führt vom Flugplatz aus eine breite Straße in die Stadt. Hier fahren auch die elektrischen Busse, die als chinesische Entwicklungshilfe installiert wurden.

Katmandu hat sich verändert. Verkehrsampeln, gute und teure Hotels, Geschäfte mit Waren aus aller Herren Länder. Viele Menschen sind besser gekleidet. Fast alle tragen Schuhe. – Aber es gibt auch die Kehrseite der Medaille: Bettler, Taschendiebe, Überfälle und Betrug: – eine Folge des sozialen Wandels?

Von Katmandu aus wollte ich nach Butwal. Unterwegs wollte ich in Tansen, Pokhara und Amp Pipal Station machen. – Ich hatte diese Städtereise schon zweimal unternommen, das erste Mal 1964.

Damals brauchte ich von Amp Pipal bis Pokhara drei Tage zu Fuß. Von Pokhara nach Tansen brauchte ich wieder drei Tage, denn Berge besteigen fiel mir nie leicht. Diese steilen Berge hinauf und dann wieder herunter, das Durchwaten der Flüsse, die Hitze, wunde Füße und Kopfschmerzen machten mir sehr zu schaffen. Manchmal hatte ich Lust aufzugeben. Aber wie denn? Es gab ja nur die beiden Möglichkeiten, weiterzuwandern oder den Weg zurück. Also entschloß ich mich, mein Ziel nicht aus den Augen zu verlieren und weiterzuklettern. Von Tansen bis Butwal war es dann nur noch ein Tag. Aber was für ein Tag! Die Wanderung dauerte acht Stunden. Es ging steil bergab. Schon nach einer Stunde taten mir die Knie weh. – Ja, damals!

Später reiste ich in umgekehrter Reihenfolge, also von Butwal nach Amp Pipal. In Butwal aß ich noch gemütlich zu Mittag. Dann brachte ein Bus mich rechtzeitig zum Nachmittagstee nach Tansen. Nein, vergleiche diese Busfahrt nicht mit einer deutschen Busreise! Nie würde sich bei uns ein Bus in Bewegung setzen, wenn er so überladen wäre, wie dieser es war. Menschen,

Breite Teerstraßen kontrastieren heute in der Landschaft mit den alten Reis-Terrassen; die neuen Straßenverbindungen verändern das Leben für die Dorfleute.

Gemüse, Ziegen und Hühner wurden transportiert. Der Busfahrer war trotzdem freundlich und hilfsbereit. Ich ergatterte sogar einen Sitzplatz, und die Mitreisenden freuten sich sehr, daß diese Fremde ihre Sprache sprach. Wir unterhielten uns über die Vor- und Nachteile indischer und chinesischer Busse!

Am nächsten Tag nach dem Frühstück fuhr ich mit dem Eilbus weiter nach Pokhara. Unterwegs, in einem größeren Dorf, machten wir Mittagsrast. Verschiedene Restaurants warteten auf die Durchreisenden. Ich aß Reis, Gemüse, Fleisch und die übliche Linsensoße. Zum Nachtisch gab es Mandarinen. Dann ging die Reise weiter, und zur Teezeit war ich am Ziel, in Pokhara. Ich hatte mich wieder mit den Mitreisenden unterhalten. Sie fragten mich, ob ich aus Ost- oder Westdeutschland komme, was ich von der politischen Entwicklung Indiens halte und ob ich wisse, daß es jetzt in fast allen Dörfern Nepals Schulen gibt. Die Welt ist für die Nepalen größer geworden!

Unterwegs erkannte ich ein Dorf wieder. Damals hatte ich hier übernachtet. Es war ein einfaches Dorf gewesen. Die Menschen hatten nicht gewußt, daß die Hauptstadt ihres Landes Katmandu hieß. Keins der Kinder ging in die Schule. Nur der Dorfpriester konnte lesen. Daß es auch andere Länder gibt, hatte man gehört; aber wie die Menschen dort lebten, konnte man sich nicht vorstellen. – Heute zieht sich eine breite Straße durch dieses Dorf.

Ich beobachtete einen kleinen, etwa dreijährigen Jungen. Er zog ein Stück Holz an einer Schnur hinter sich her und ahmte mit »Brumm, brumm...« das Geräusch des Busses nach. Welche Welten liegen zwischen der Kindheit seines Vaters und diesem Kinderspiel!

Von Pokhara aus brachte der Bus mich in nur drei Stunden nach Dhumre; dann mußte ich bis zu dem Bergdorf Amp Pipal klettern. Aber ehe ich die Wanderung antrat, trank ich noch Coca Cola, das internationale Zeichen des »zivilisierten Durstes«. Ich hätte auch Bier haben können, »made in Nepal«, ein Entwicklungshilfe-Projekt der deutschen Bundesregierung. Der Tourismus macht es wohl notwendig, daß dieses Getränk nun auch dort gebraut wird. Bierkenner sagen, es schmecke fast so gut wie deutsches Bier.

Meine Reise 1964 hatte anstrengende sieben Tage gedauert. Zwölf Jahre später dauerte die Reise noch ganze zwölf Stunden in einem Bus. Die Reise war wesentlich bequemer geworden und auch viel billiger, denn damals mußte ich ja sieben Tage lang die Träger bezahlen und die Übernachtungen, Feuerholz und unsere Ernährung. Diesmal zahlte ich nur das Fahrgeld.

Trotz der modernen Entwicklung gehört Nepal auch heute noch zu den ärmsten Ländern der Welt. Der Anschluß an die Industrieländer ist noch lange nicht erreicht. Auch heute noch gehen bei weitem nicht alle nepalischen Kinder zur Schule. Auch heute noch hat die Mehrzahl der Menschen Nepals nie ein Auto gesehen, weiß nichts von Elektrizität und lebt am Rande des Existenzminimums.

Immer wieder liest man es: der Tourismus bringt manchen Ländern der Dritten Welt viel Geld durch Deviseneinnahmen. Die internationalen Reiseangebote werden in jedem Jahr bunter und verlockender, und die Welt wird immer kleiner, weil man auch die entferntesten und fremdesten Länder bereisen kann. Aber verlassen wir einmal unsere Sichtweise als westliche Besucher oder Touristen und versetzen uns in die Lage zum Beispiel eines Kellners in einem Touristenhotel.

Der Ober im Speisesaal bedient uns freundlich und gut. Manchmal scheint er geistig abwesend zu sein. Vielleicht denkt er:

»Ich möchte gerne meinen Sohn zur Schule schicken. Vielleicht kann er dann später einen Beruf erlernen und genug Geld verdienen für sich und seine Familie. Vielleicht haben seine Kinder dann immer genug zu essen. – Wie mag es meiner Familie wohl gehen? Ob der Brunnen im Dorf noch Wasser hat? – Der Mann an Tisch vier hat das zweite Bier gleich ausgetrunken, wird er noch ein drittes bestellen? – Ich habe meiner Frau versprochen, ihr ein paar Sandalen mitzubringen, wenn ich das nächste Mal nach Hause komme. Der Preis: eine Woche Arbeit! – Die Frau dort an Tisch zwei ist immer sehr freundlich. Sie hat mich nach meiner Familie gefragt und konnte nicht verstehen, daß wir trotz unserer Armut sieben Kinder haben. Sie weiß eben nicht, daß die Kinder auf dem Feld mitarbeiten müssen. Sie würde gern mal in unser Dorf gehen, hat sie gesagt. – Letztes Mal, als ich jemanden aus dem Hotel mit ins Dorf nahm, haben sich diese Leute gar nicht mit meiner Familie unterhalten, sondern immer nur fotografiert. Als meine Frau die Bluse aufmachte, um das Jüngste zu stillen, sollte sie sich mitten auf die Straße setzen, weil dort die Belichtung besser sei und mit den Hütten im Hintergrund das Bild »echter« wirkte.

Meine Frau war gekränkt. Sie mag ihre Bluse nicht ausziehen und von den Touristen als »Wilde« fotografiert werden. Aber nachher haben sie ihr etwas Geld gegeben. Für sie war es ein kleines Trinkgeld, aber meine Frau konnte sich Stoff für eine neue Bluse kaufen. Wie sehr sie sich freute! – Wie verdienen die Frauen in den europäischen Ländern wohl ihr Geld? – Meine Frau und die Nachbarn möchten nicht, daß ich nochmals Fremde mitbringe. Sie reden ja doch nicht mit uns und beschauen uns von allen Seiten, als seien wir komische Tiere. Sie sagen zwar, daß sie sich für uns und unser Leben interessieren, aber eigentlich wollen sie nur gute Fotos mit nach Hause bringen. Viele Touristen nehmen mit ihren Augen und Sinnen kaum noch etwas wahr; sie

Ehre und Würde jedes Menschen sind in Nepal eine Selbstverständlichkeit, von Touristen oft übersehen. Eine Frau, die ihr Kind in aller Öffentlichkeit stillt, ist keine ,Wilde'.

haben immer diesen schwarzen Apparat vor ihren Augen...«

Und dann rief der Herr von Tisch vier sehr ungeduldig nach seinem dritten Bier.

Liebe Indira Manuela, dies ist eine erdachte Geschichte. Aber ich habe oft mit Kellnern und Hotelangestellten über diese Probleme gesprochen. Ich glaube, sie denken während ihrer Arbeit wirklich immer wieder über all diese Dinge nach. Aus vielen Gesprächen mit den Einheimischen habe ich gelernt, daß wir uns bemühen sollten, über die Touristen-Romantik hinaus die Menschen in ihrer eigenen Welt zu sehen. Wie heißt es bei Saint Exupéry im »Kleinen Prinz«: »Der Mensch sieht nur mit dem Herzen gut.« Vielleicht müssen wir unser Herz mehr reden lassen!

Ein Brief von Prem

Vater verloren
Plastik statt Jute
Zwei Liter Benzin für das Taxi
Warum wir umlernen müssen

Im November, Mangsir ma

Namaste, Indira Manuela!

Einer meiner alten Freunde ist Prem. Ich lernte ihn kennen, als er noch ein kleiner Junge war. Der Kontakt zu ihm war nie sehr eng, aber jedesmal, wenn ich in Nepal bin, treffen wir uns. Er erzählte mir viel von sich selbst. Eines Tages bat ich ihn, einen Brief an junge Menschen in Deutschland zu schreiben. Diesen Brief, den Prem schrieb und in dem er von seinem Leben berichtet, will ich an Dich weitergeben, denn er ist ja an junge Menschen in Deutschland gerichtet.

Liebe Freunde in Deutschland!

Ich heiße Prem. Eigentlich bedeutet das »Liebe«, aber oft meine ich, mich hätte keiner lieb.

Ich bin zwölf Jahre alt. Meine Mutter starb kurz nach meiner Geburt. Mein Vater hat mich großgezogen, und ich ging immer mit ihm aufs Feld arbeiten. Wir wohnten in einem Lehmhaus. Die Feuerstelle – ich glaube, Ihr nennt das ‚Herd' – war in der Mitte des einzigen Raumes. Wir hatten nicht immer genug zu kochen, aber noch öfter fehlte uns das Feuerholz. In den Bergen Nepals wachsen nur wenig Bäume, und Holz ist sehr knapp. Darum lernte ich bald, daß man Kuhmist aufsammelt, trocknet und dann verbrennen kann. Kuhmist riecht schrecklich, wenn er frisch ist. Ich habe mich

Oft hängt nicht nur der eigene Lebensunterhalt, sondern auch der seiner Familie von der Arbeitsmöglichkeit ab, die ein Junge findet.

immer geekelt, wenn ich ihn sammeln mußte. Aber wenn er getrocknet ist, riecht man nichts mehr, und mein Vater und ich waren froh, wenn wir nur Feuer machen konnten.

Eines Tages hat mein Vater wieder geheiratet. Meine Stiefmutter war eine gute Frau. Sie hat viel gearbeitet, und wir hatten nun fast jeden Tag genug zu essen. Dann erzählte mir mein Vater, daß ich bald ein Geschwisterchen haben würde. Wir drei waren sehr glücklich.

Kurz bevor mein kleiner Bruder geboren wurde, erkrankte mein Vater. Am nächsten Tag war er tot. Ich war ungefähr sechs Jahre alt. Nun mußte ich allein aufs Feld gehen, aber ich arbeitete nicht genug, und meine Stiefmutter und ich hatten nie genug zu essen. Als mein kleiner Bruder geboren wurde, konnte ich mich nicht freuen, denn meine Stiefmutter war nun sehr schwach, ich konnte nicht genug arbeiten und verdienen, und wir drei wurden immer ärmer.

Der Bauer, auf dessen Feldern ich täglich arbeitete, kam zu uns in die Hütte. Er sah, daß es uns schlecht ging. Da überredete er meine Mutter, daß ich zu ihm kommen solle. Ich könne das Vieh hüten und bekäme genug zu essen, und zu Hause sei dann ein Esser weniger. Meine Stiefmutter ließ mich nicht gerne gehen, aber sie wollte, daß ich jeden Tag satt werde. So ging ich mit dem Bauern mit. – Am Anfang mußte ich Vieh hüten, das war leicht. Aber als ich größer wurde, mußte ich am Fluß arbeiten und Jute machen.

Jute ist eine Pflanze mit ganz großen, langen Blättern. Diese Blätter muß man abschneiden und in den Fluß legen. Damit sie nicht wegschwimmen, legt man schwere Steine darauf. Das Wasser ist sehr kalt, denn der Fluß kommt aus dem Himalaja-Gebirge. Wenn wir die Blätter in den Fluß legen, stehen wir oft stundenlang bis zu den Knien im Wasser. Dann bekommt man Krämpfe in den Beinen.

Wenn die Blätter einige Tage im Wasser gelegen haben, sind sie ganz weich. Dann nimmt man sie raus und schlägt sie ganz fest auf einen flachen Stein. Man hebt sie mit viel Kraft über den eigenen Kopf und schleudert sie dann auf den Stein, wieder hoch und wieder auf den Stein. Und immer so weiter, bis nur noch die Pflanzenfasern übrig bleiben. Das ist dann die Jutefaser, aus der Säcke und Taschen hergestellt werden. Mein Bauer verkaufte diese Fasern, wenn sie getrocknet waren, an eine große Firma, die sie nach Deutschland, Amerika oder in ein anderes Land verschickte.

Das war sehr schwere Arbeit, aber wir taten es gerne, denn wir wußten ja, daß wir damit Geld verdienen und dann Essen und Kleider kaufen können.

Eines Tages hatten wir wieder alles fertig. Wir hatten die Fasern getrocknet und gebündelt und warteten auf den Mann, der sie aufkaufen würde. Er kam nicht. Wir dachten, er käme vielleicht einen Tag später, aber da kam er auch nicht. – Dann kam ein Brief, den unser Bauer uns vorlas. In diesem Jahr werde er nicht kommen, um Jutefasern zu kaufen. In Europa und Amerika würde man nun weniger Jute-Säcke gebrauchen, weil es Plastiktüten und Plastiktaschen gebe. Wir sollten auf nächstes Jahr hoffen; vielleicht könne er dann wieder Jutefasern von uns kaufen.

Da hatten wir nun so hart gearbeitet – umsonst. Wir bekamen kein Geld, wir konnten uns nichts kaufen. Wir mußten weiter ohne Schuhe laufen. Satt zu essen bekamen wir nun nicht mehr, denn der Bauer hatte ja auch kein Geld.

Ich weiß nicht, wo meine Stiefmutter und mein Bruder sind. Sie sind als Bettler weggegangen. Ich muß nun auch Bettler werden, denn wenn mein Bauer die Jutefaser nicht mehr verkaufen kann, gibt es keine Arbeit mehr für mich. Es gibt viele Leute, die arbeitslos geworden sind, weil man in Deutschland keine Jute-Taschen und Jute-Säcke mehr gebraucht, sondern Plastik nimmt.

Kürzlich traf ich einen Mann, der erzählte, daß es einen Gott gibt, der alle Menschen gleich lieb hat. Ich wollte das nicht glauben. Wenn jemand jeden Tag satt zu essen hat, kann er das leicht glauben. Aber seit wir die Jute nicht mehr verkaufen können, frage ich mich, ob das alles stimmt. Eigentlich kann es gar nicht stimmen, denn wenn es so wäre, würde dieser Gott Euch Menschen in Europa und Amerika doch sagen, daß wir nun arbeitslos wurden, hungern müssen und große Not leiden.

Vielleicht denkt Ihr auch gar nicht darüber nach. Ich habe einmal eine Plastiktüte gesehen. Die war so leicht

Götter können viele Gesichter und viele Arme haben. Sie lieben den Menschen nicht. Aber mancher gewinnt durch sie Hoffnung auf ein besseres nächstes Leben. Kann ein Gott alle Menschen lieben, wenn doch so viel Ungerechtigkeit in dieser Welt herrscht? fragen viele.

und bunt, und ich fand sie sehr schön. Aber dann, als sie kaputt war, wollte ich sie wegwerfen. Noch Monate später lagen Fetzen und Reste davon herum. Auch verbrennen kann man sie nur schlecht. Ich habe es versucht. Das stinkt schrecklich! Viel schlimmer als Kuhmist! Ob die Luft in Deutschland jetzt immer so schlecht riecht, weil Ihr die Plastiktüten verbrennt? Bitte schreibt mir das doch mal!

Euer Freund Prem.

Prem erzählt nur ein Beispiel. Er sieht das Problem nur aus der Sicht des Jute-Bauern. Er weiß nicht, daß Plastik aus Rohöl gemacht wird, und der Ölpreis immerzu steigt, weil wir zu viel verbrauchen. Wir meinen, auf unsere Autos nicht verzichten zu können. Wir können Kunststoff und Plastik nicht mehr aus unserem Leben wegdenken. Wo wir schon über erhöhte Benzinpreise oder steigende Lebenshaltungskosten stöhnen, da sind viele Dinge für die Menschen in Nepal überhaupt nicht mehr erreichbar. Als ich kürzlich in Nepal in einem Taxi saß, tankte der Fahrer an der Tankstelle zwei Liter Benzin; mehr konnte er sich nicht leisten, denn das übersteigt seinen Tagesverdienst.

Wir sind mitverantwortlich für die Armut in den Ländern der sogenannten Dritten Welt. Das darfst Du nie vergessen, und vielleicht prägt diese Verantwortung dann eines Tages auch Deinen Lebensstil.

Weihnachten mit Reis

Ohne Adventskranz
Mit Liedern von Haus zu Haus
Mit Leprakranken unterwegs
Gemeinsam essen – ohne Kastengrenzen

Im Dezember, Pausch ma

Namaste, Indira Manuela!

Vor gut einem Jahr schrieb ich Dir den ersten Brief. Du hast nun schon eine Menge über Nepal und die Menschen dort erfahren. Du kennst einige der Probleme, die man dort hat und verstehst vielleicht ein wenig eher die Zusammenhänge.

Jetzt ist Advent. Das ist für uns eine frohe Zeit. In dieser Zeit wollen wir die Probleme dieser Welt zwar nicht vergessen, aber doch auch an das denken, was uns froh sein läßt.

Was bedeutet Weihnachten eigentlich für Dich? Du weißt, für viele Menschen ist Weihnachten das bedeutendste Fest, obwohl eigentlich Ostern der Mittelpunkt des Kirchenjahres ist. Leider hat das Weihnachtsfest einen falschen Glanz bekommen, und der wirkliche Sinn wird überdeckt: Rummel und Reklame, Kauf- und Geschenkzwang, sentimentale Reden von Frieden und Liebe, während die Welt doch ganz anders aussieht. Das alles ärgert viele bewußte Christen.

Man sagt, Deutschland sei das »Weihnachtsland«. Nirgends in der Welt werde Weihnachten so eindrucksvoll gefeiert wie in Deutschland. Vielleicht stimmte das, als es in Nepal noch keine Christen gab. Mein glücklichstes Advents- und Weihnachtserlebnis hatte ich mit Christen in Nepal, die ganz offen zu ihrem Glauben stehen – trotz der hohen Strafandrohungen, wenn man die Religion wechselt.

Ich saß etwas einsam in meiner Wohnung und dachte voll Sehnsucht an Deutschland und den ersten Advent dort. Hier gab es keinen Adventskranz, kein Weihnachtsoratorium und keinen Adventsgottesdienst. Eigentlich, fiel mir ein, hätte ich Gäste einladen sollen für dieses Wochenende. Dann hätte ich wenigstens von Advent und von Weihnachten in Deutschland erzählen können.

Plötzlich hörte ich Stimmen vor meinem Haus; ehe ich nachsehen konnte, ob da etwa noch ein Patient zu so später Stunde käme, wurde meine Türe geöffnet, und singend kamen nepalische Freunde in die Wohnung. Sie sangen Weihnachtslieder, eins nach dem anderen. Die Christen erfinden immer wieder neue Lieder, die schnell Verbreitung finden. Als meine Freunde merkten, wie überrascht ich war, fragten sie ganz bestürzt: »Ja, aber große Schwester, freust du dich denn gar nicht, daß unser Erlöser Jesus Christus geboren ist?«

Sie sangen noch viele Lieder, und irgendwann hatte mein Heimweh und mein Staunen aufgehört, und ich sang mit. Meine hinduistischen Nachbarn kamen staunend nachsehen, was da wohl los sei. Ihnen erzählte ein junger nepalischer Christ, daß bald der »große Tag« sei, an dem wir den Geburtstag von Gottes Sohn feiern.

Dann zogen meine Gäste weiter, und es war selbstverständlich, daß ich mit ihnen ging, zum Haus des nächsten Christen. Es war fast eine Stunde Fußweg. aber unterwegs konnten wir ja singen. Zum Glück war diese christliche Familie nicht so ein Neuling wie ich. Sie hatte schon den Tee bereit. Singen, Tee trinken, mit den Nachbarn fröhlich sein, ein wunderbares Zusammensein!

Fast die ganze Nacht sind wir gewandert, um all die einsam und verstreut wohnenden Christen zu besuchen. – Der letzte Besuch dieser Nacht war ein ganz besonderer. Wir gelangten schließlich zu einem Lepra-Asyl. Hier in diesem Elendsquartier, in dem die wegen ihrer Krankheit Verstoßenen lebten, hier klangen die Lieder von der Liebe Gottes ganz eigenartig: »Gott ist die Liebe, läßt dich erlösen. Gott ist die Liebe, er liebt auch dich.« Der erste Adventssonntag dämmerte schon, als wir wieder nach Hause kamen.

Am zweiten Sonntag im Advent gingen wir wieder singend von Familie zu Familie. Diesmal begannen wir in der Leprastation, und die Kranken, die gehen konnten, kamen mit. – Der dritte und vierte Adventssonntag wurde in derselben frohen Gemeinschaft gefeiert.

So war es selbstverständlich, daß wir uns am »Heiligen Abend« in unserer kleinen Kirche trafen und die ganze Nacht durch sangen. Wir haben die Weihnachtsgeschichte aus dem Lukas-Evangelium gelesen: Nepalen und Europäer, Gesunde und Kranke, Arme und Reiche – aber alle froh, weil Gott seinen Sohn in die Welt gesandt hatte.

Am frühen Morgen des Weihnachtstages feierten wir gemeinsam das Herrenmahl, und dann ging es an die Arbeit: Gemüse putzen, Feuerholz hacken, Wasser holen und Reis aussortieren. Alle Christen aus der Umgebung wollten kommen und draußen unter freiem Himmel eine gemeinsame Mahlzeit einnehmen. Ein richtiges Weihnachts-Fest-Essen!

Die Gesetze der Hindus verbieten ein Miteinander-Essen verschiedener Kasten, und so empfand jeder umso stärker das Gefühl von Gleichheit und Freiheit. Niemand fragte nach Kaste, Rasse oder Glaubenssätzen.

Wir wurden eine neue Gemeinschaft, weil Gott seinen Sohn in diese Welt gab. Weihnachten in Nepal: Was sind schon Weihnachtsbaum und große Geschenke im Vergleich zu diesem Gemeinschafts-Erlebnis!

Patenkind mit Garantie?

Nepal war nicht immer arm
Prakash und Premi haben sechs Kinder
Wenn Paten weit weg Bedingungen stellen
Zur Familie der Menschheit ist es noch ein langer Weg

Im Januar, Magh ma

Namaste, Indira Manuela!

In Deinem letzten Brief stellst Du zwei sehr wichtige Fragen. Ich will versuchen, heute beide zu beantworten, obwohl das gar nicht leicht wird. Die erste Frage heißt »Warum ist Nepal eigentlich so arm?« und dann fragst Du noch »Wie können wir denn wirklich sinnvoll helfen?« Zur ersten Frage möchte ich Dir einige Informationen geben, zur zweiten werde ich wieder eine Geschichte erzählen.

Nepal war schon immer ein kleines, selbständiges Land. In dieser zwar großartigen, aber sehr rauhen Natur mußten die Menschen von jeher schwer arbeiten. Sie hatten in alten Zeiten drei Hauptarbeitsgebiete: Landwirtschaft, Handwerk und Handel. Wegen seiner Lage zwischen Indien und China wurde Nepal für die Händler zur Drehscheibe im Handel mit Salz, Wolle, Edelsteinen und Gold. Diese gutgehenden Geschäfte wurden im vorigen Jahrhundert zum ersten Mal gestört, als die Engländer in Indien die »East India Company« gründeten und damit auch den Handel von und nach China übernahmen. 1958 wurde dann auch die Grenze nach Tibet geschlossen, so daß der Handel mit dem nördlichen Nachbarn nun fast völlig zum Erliegen kam. Damit fiel ein großer und wichtiger Wirtschaftsbereich Nepals aus.

Heute leben ungefähr 94% der Bevölkerung von der Landwirtschaft. Handel, Industrialisierung oder die Ausbeutung von Bodenschätzen bieten für Nepal wegen der stark wachsenden Bevölkerungszahl, seiner geographischen Lage und der besonderen politischen Situation kaum Entwicklungsmöglichkeiten. Alle Anstrengungen, diesem Land zu helfen, müssen zunächst der Landwirtschaft gelten.

Wegen der bedrohlichen Überbevölkerung ist die Ernährung der Menschen in Nepal nicht mehr sichergestellt. Nepal ist also in einer sehr großen Krise, und wir können nur hoffen, daß König und Regierung es schaffen, das Volk aus dieser Krise herauszuführen.

Nun zu Deiner Frage, wie wir denn helfen können. Das ist wohl die schwierigste Frage überhaupt. Ich erwähnte schon, daß die Bundesregierung Entwicklungshilfe in Nepal leistet, und es gibt eine ganze Reihe anderer Regierungen, die das auch tun. Gut 200 Deutsche haben inzwischen wie Deine Eltern damals in Nepal gearbeitet, von kirchlichen und staatlichen Organisationen vermittelt. Aber was kann der Einzelne von Europa aus tun?

Oft werde ich gefragt, ob man nicht eine Patenschaft für ein Kind in Nepal übernehmen kann. Das ist sicher eine sehr große und gezielte Hilfe. Aber man sollte diese Hilfe überlegt und einfühlsam einsetzen. Die folgende Geschichte ist ein Beispiel dafür:

Der Lehrer Prakash und seine Familie lebten in einem Dorf, das ungefähr 1500 Einwohner hat. Es liegt nicht sehr weit von der Stadt entfernt. Die meisten Bewohner des Dorfes sind Bauern und leben sehr bescheiden. Sie wohnen in Lehmhütten und freuen sich in jedem Oktober neu, daß diese Hütten der langen Regenzeit standgehalten haben.

Im Dorf des Lehrers Prakash gibt es einige Christen. Jeden Sonntag und ab und zu auch an Wochentagen trifft sich die Christengemeinde bei Prakash. Einmal im Monat kommt der Pastor aus der Stadt und hält einen Gottesdienst. An den anderen Sonntagen liest meistens der Lehrer Prakash ein Kapitel aus der Bibel vor, und man redet gemeinsam über das Gelesene.

Prakash ist nicht nur Lehrer und Ersatz-Pastor im Dorf, er ist auch Mitglied im Dorfvorstand und wurde sogar von den Hindu-Priestern geachtet. Er hat geholfen, einen Antrag der Dorfgemeinschaft zu verfassen, um eine wetterfeste Straße von der Stadt zum Dorf zu bauen. Und Prakash hatte auch dafür gesorgt, daß Hilfe kam, den Dorfbrunnen tiefer zu graben, um für die trockene Jahreszeit genügend Trinkwasser im Dorf zu haben. Prakash ist im Dorf ein angesehener Mann, und niemand würde zur Polizei gehen und ihn anzeigen, weil er Christ wurde.

Prakashs Frau heißt Premi. Auch sie kann lesen und schreiben. Und so wie ihr Mann großes Ansehen bei den Männern im Dorf genießt, so hat sie das Vertrauen der Frauen. Premi hilft oft bei Entbindungen, und es geschieht sogar, daß strenggläubige Hindu-Frauen sie bei Geburtsschwierigkeiten in ihr Haus rufen. Aber auch in anderen Dingen weiß Premi gut Bescheid; sie steht Kranken mit Rat und Tat zur Seite. Wenn es einmal Schwierigkeiten mit dem Mann oder mit der Schwiegermutter gibt, hört sie geduldig zu und erzählt das ihr Anvertraute niemals weiter.

Prakash und Premi haben sechs Kinder. Reich ist die Familie nicht, denn nur Prakash wird für seine Arbeit bezahlt, und ein Volksschullehrer bekommt nicht viel Geld. Premi muß tüchtig sparen, und nicht immer werden Kinder und Eltern einmal am Tag satt. Totzdem wird immer darauf geachtet, daß zuerst die Kinder genug zu essen bekommen.

Die Kinder sind noch klein. Das älteste Kind ist ein Mädchen, Soni. Sie ist elf Jahre alt. Seit fünf Jahren geht sie jeden Tag mit ihrem Vater in die Schule, und nun kann sie gut lesen und schreiben. Premi und Prakesh möchten gerne, daß sie eine höhere Schule besucht.

Das jüngste Kind ist noch ein Baby, erst wenige Monate alt. Wenn Premi auf dem Feld ist oder anderen Frauen hilft, sorgt Soni oft für das Baby und für die anderen Geschwister, die sie sehr lieben. Manchmal hilft Soni beim Kochen; am liebsten aber ist es ihr, wenn sie ihre kleinen Geschwister um sich herum sitzen hat und vorlesen darf. Vorlesen ist fast so schön wie allein lesen. Vater und Mutter schimpfen selten, wenn Soni liest. Zwar sollte sie eigentlich ganz andere Dinge im Haushalt tun, aber sie freuen sich dennoch über ihr Interesse an fremden Dingen des Lebens, die Soni aus den Büchern erfährt.

Der Lehrer Prakash hat sich in der Stadt erkundigt, wie teuer das Schulgeld für Soni in der höheren Schule wäre. Er ist traurig wiedergekommen, denn außer dem Schulgeld müßten noch teure Schulbücher und eine Schuluniform bezahlt werden! Das alles würde fast die Hälfte seines Gehaltes kosten. Außerdem müßte Soni täglich mit dem Bus fahren, und auch das würde Geld kosten. Es würde wohl nichts mit der höheren Schule werden. Premi und er malten sich oft aus, wie schön es wäre, Soni als Krankenschwester ausbilden zu lassen. Aber nun sah es so aus, daß Soni nicht weiter zur Schule gehen könnte. Schade!

Am nächsten Tag kam der Pastor zu seinem monatlichen Besuch. Ihm erzählte Prakash von seinem Kummer. Der Pastor verstand das gut, und als er einen Monat später wieder kam, hatte er viele Papiere bei sich. Er erzählte Premi und Prakash, daß es in Deutschland Leute gebe, die Patenschaften für Kinder übernehmen, damit diese zur Schule gehen können. Prakash und Premi waren sehr froh über diese Nachricht und füllten gemeinsam mit dem Pastor die Antragsformulare aus.

Einige Wochen später teilte der Pastor mit, daß sich Paten in Deutschland bereiterklärten, für Soni zu sorgen. Soni kann in die Schule der Bezirkshauptstadt gehen. Diese Schule hat ein Internat. Die Kosten für Internat, Schule, Uniform, Bücher und überhaupt alles, was Soni braucht, würden Christen aus Deutschland bezahlen. Die zukünftigen Pateneltern wünschten ein Photo von Soni und alle sechs Monate einen Brief von ihr.

Das war eine gute Nachricht! Und doch... die Bezirkshauptstadt war sehr weit weg. Um dorthin zu kommen, war man mehrere Tage unterwegs. Soni war doch erst elf Jahre alt. Sollte man sie so weit weggeben? Würde sie nicht Heimweh bekommen? Was würde sein, wenn Soni einmal krank würde? Die Eltern könnten dann nicht bei ihr sein. – Soni, die liebe Große, die doch noch so klein war! Man sollte sie weggeben! Nur ein-, vielleicht zweimal im Jahr würde Soni für einige Wochen zu Hause sein. Eines Tages hätte Soni dann zwar einen

Schulabschluß, aber Familie und Dorf wären ihr fremd geworden.

Prakash und Premi überlegten lange. Sie fragten den Pastor, ob es denn nicht möglich sei, daß die Spender in Deutschland das Schulgeld für die Schule der Nachbarstadt zahlten, dann könne Soni jeden Nachmittag wieder nach Hause kommen. »Nein«, sagte der Pastor, »die Schule ist zwar auch gut, aber da gibt es keine christlichen Lehrer. Die Leute in Deutschland geben das Geld nur, wenn das Kind von christlichen Lehrern unterrichtet wird.« – »Aber wir sind doch Christen, und das Kind bliebe in unserer Familie wohnen. Außerdem würde diese Möglichkeit weniger Kosten für die Paten bedeuten.« Doch der Pastor bemerkte mit Nachdruck, daß die Leute aus Deutschland garantiert haben wollen, daß Soni auch tatsächlich zwei Uniformen bekommt und zweimal wöchentlich eine Fleischration und wenigstens ein Ei pro Woche…

Prakash und Premi überlegten weiter. Die »Paten« in Deutschland meinten es ja gut. Aber hatte Prakash nicht während der Lehrerausbildung gelernt, daß Elternliebe nicht zu ersetzen ist? Und nun sollten wöchentlich zweimal Fleisch und einmal ein Ei wichtiger sein als die Geborgenheit in der Familie? Ob denn wohl die Eltern in Deutschland ihre Kinder alle in Heime schicken? Prakash und Premi wußten, sie waren arm. Aber sie waren eine glückliche Familie, und den Kindern ging es gut. Unterrichteten denn christliche Lehrer besser Mathematik als Hindus? Würde Soni durch den Unterricht fremder Menschen mehr von der Liebe Gottes erfahren als von ihren Eltern? Prakash und Premi überlegten lange. Kinder sind ein Geschenk Gottes!

Konnten sie ihre erst elf Jahre alte Tochter in fremde Hände geben?

Ich weiß nicht, welche Entscheidung Prakash und Premi getroffen haben. Aber meinst Du nicht auch, es wäre besser, eine ganze Familie zu unterstützen, als nur ein einzelnes Mitglied? Noch effektiver wäre es, gezielte Hilfe einer ganzen Dorfgemeinschaft zukommen zu lassen, so daß sie sich eines Tages selbst helfen kann. Es gibt in Deutschland Organisationen, die solche Dorfentwicklungsprojekte unterstützen. Das finde ich eine gute Sache. Aber natürlich kommen bei dieser Hilfe keine individuellen Photos und private Briefe. Und gerade darauf legen viele Spender aus den reichen Ländern großen Wert. Sie brauchen diese persönliche Anerkennung. Du siehst, es ist wirklich so: Wenn wir gezielt helfen wollen, müssen wir lernen umzudenken. Nur so werden wir eines Tages wirklich nützliche Mitglieder einer weltweiten Gemeinschaft.

Tod und Sühne

Von Ranapalästen
Der Tod des Königs
Bestattung am Wasser
Kronprinz in Weiß
Von der Vertreibung der Schuld

Im Februar, Fagun ma

Namaste, Indira Manuela!

Heute will ich Dir etwas ganz Besonderes schreiben und erzählen. Ich habe zwar alles intensiv erlebt, aber verstandesmäßig noch kaum verarbeitet.

Im Februar 1972 starb König Mahendra von Nepal. Sein Vater hatte 1951 durch eine gemäßigte Revolution die herrschende Rana-Familie abgesetzt und die Regierungsmacht wieder für die Königsfamilie erlangt. Mehr als einhundert Jahre hatten die Ranas den König und das Volk unterdrückt. Sie waren die Machthaber im Land, und der König war ihr dekoratives Aushängeschild. Die Ranas regierten in einem absoluten Feudalsystem. Die Zeichen ihrer langen und feudalistischen Herrschaft kann man in Katmandu und in einigen anderen alten Städten, zum Beispiel in Tansen, noch sehr deutlich sehen. Da stehen neben den einfachen Ziegelhäusern der Bürger und Bauern große Paläste der Ranas. Diese Paläste haben phantastische Stuck-Arbeiten; riesige Kristall-Lüster und geschliffene Spiegel hängen in den Marmorsälen, Wände und Decken sind aufwendig bemalt. Der größte Palast der damaligen Zeit war Singha Durbar in Katmandu. Man sagt, er habe 1900 Räume gehabt. Ich habe sie nie gezählt, aber weil ich mich oft in diesem Palast verlaufen hatte wegen der unzähligen Gänge, Treppen, Türen und Hintertüren, schien mir das durchaus glaubhaft zu sein.

Als König Tribhuwan 1951 wieder an die Regierung kam, wurden die Ranas enteignet. Der große Singha Durbar – das heißt der Löwen-Palast – wurde Regierungssitz. Alle Ämter und Büros hatten hier genügend Platz. Dieser Palast brannte in den siebziger Jahren ab, nur das monumentale Frontgebäude blieb erhalten. Der Verlust des Gebäudes war damals schlimm, vor allem der Verlust der gesamten Regierungsakten katastrophal. – Übrigens, das Shanta-Bhawan-Krankenhaus war auch so ein ehemaliger Ranapalast.

Nach dem Tod von König Tribhuwan wurde sein Sohn Mahendra König. Im Februar 1972 starb er.

Fünf Minuten vor zwölf Uhr mittags meldete Radio Nepal: »Seine Majestät, der fünfte König aller Könige, Mahendra aus dem Geschlecht der Shahs, der Gottkönig ist gestorben.« Der Schock, den diese Nachricht auslöste, war groß. König Mahendra war ein guter, weiser König gewesen. Er wurde von seinem Volk geliebt. Man hatte nie gehört, daß er krank war. Sollte er doch einem Attentat zum Opfer gefallen sein? In letzter Zeit hatte es von Seiten der politischen Opposition mehrere Attentats-Versuche gegeben. Schneller als die Radio-Nachricht weitergegeben wurde, verbreiteten sich die Gerüchte.

Nach hinduistischer Tradition folgten nun viele rituelle Handlungen, die strikt einzuhalten waren. Der König war außerhalb der Stadt Katmandu, im Süden des Landes, gestorben. Mit dem Sonderflugzeug holte der Sohn und Kronprinz Nepals seinen toten Vater in die Stadt zurück. Vom Flugplatz aus zog der Trauerzug zum heiligen Bagmati-Fluß; dort wurde dem König von Ministern und dem diplomatischen Corps, von einfachen Bauern und Handwerkern, von Männern und Frauen die letzte Ehre erwiesen. Mit einer Feuerbestattung wurde der König beigesetzt und die Asche dem Fluß übergeben. Hinter diesem Ritus steht der Sinn, daß Wasser aus der Ewigkeit kommt und in die Ewigkeit fließt. Des »Gottkönigs« Seele soll in diese Ewigkeit mit eingehen.

Die offizielle Staatstrauer dauerte elf Tage; die Königssöhne hatten einundzwanzig Tage zu trauern. Alle Männer des Landes ließen sich den Kopf rasieren, nur um den Wirbel herum blieben einige Haare stehen. In langen Reihen saßen sie geduldig bei den Friseuren und Barbieren und warteten, bis sie an der Reihe waren. Alle Staatsdiener trugen in diesen Tagen der Trauer weiße Kleidung. Minister und Diplomatisches Corps schworen noch am Sterbetag des alten Königs dem neuen König Treue und Ergebenheit. Nun hatte also der Kronprinz den Titel »Fünfter König aller Könige, Birendra aus dem Geschlecht der Shahs, Gottkönig«.

Aber das Leben darf erst nach der Trauerzeit weitergehen. Vorläufig waren Büros und Ämter, Schulen und Läden des Landes geschlossen. Man hatte die Riten des hinduistischen Glaubens zu erfüllen, die schon bei einem normalen Todesfall kompliziert und vielseitig sind, bei dem Tod eines Gottkönigs aber ganz besondere Anforderungen stellen.

Die Söhne des verstorbenen Königs zogen in die Übernachtungsquartiere frommer Pilger, die am Fluß lagen; die jüngeren getrennt vom ältesten Sohn. Nur vor Sonnenaufgang und nach Sonnenuntergang durften die trauernden Söhne essen. Während des Tages aber saßen sie, in Weiß gekleidet, in den kahlen Hallen und empfingen Männer, die ihr Beileid und auch ihre treue

Der Tempelaufgang wird von starken und klugen Tieren bewacht: Kein Unwürdiger sollte den Tempel betreten.

Ergebenheit bekunden wollten. Einundzwanzig Tage marschierten täglich viele Hunderte an den Trauernden vorbei. Nur die männlichen Mitglieder der Königsfamilie saßen hier, und nur die Männer durften ihr Mitleid bekunden. Die Frauen der Königsfamilie lebten in aller Abgeschlossenheit im Palast. Sie durften während dieser Zeit der Trauer von niemandem gesehen werden.

Am einundzwanzigsten Tag nach dem Tod des Gottkönigs wurde »Kathe« begangen, das Fest des Sühneopfers. Durch sehr komplizierte Auswahlriten, die streng geheim gehalten werden, war unter den Brahmanen des Palastes ein »Kathe« erwählt worden. Man sagt, daß im Palast mehr als einhundertsechzig Brahmanen, also hinduistische Priester, tätig sind. Sie sorgen dafür, daß die königliche Familie alle hinduistischen Regeln einhält, alle nötigen Opfer bringt, daß bestimmte Dinge nur an den Tagen mit der entsprechenden Stern-Konstellation geschehen, Feste zu bestimmten Zeiten und mit vorbestimmten Riten begangen werden. Es heißt, diese Brahmanen hätten eine große Macht über die Königsfamilie. Ganz sicher sind sie sehr entscheidende Leute, denn die Familie eines Gottkönigs muß besonders vorbildlich die religiösen Regeln befolgen.

Aus dem Kreis dieser verantwortlichen Religionsmänner wurde also der »Kathe« gewählt. Ihm wurde am letzten Tag der offiziellen Trauer ganz besondere Ehre erwiesen. Er wurde kostbar gekleidet und durfte auf des Königs eigenem Elefanten von seinem Tempel zur Opferstätte am Fluß reiten. Dort empfingen ihn alle männlichen Mitglieder der Königsfamilie, alle Priester und alle entscheidenden Männer des Staates. Man nahm zu einem gemeinsamen Festmahl Platz, und die Lieblingsspeisen des verstorbenen Königs wurden serviert.

Gemäß der hinduistischen Todesriten werden für den verstorbenen König ein Stück des Hüftknochens und ein Stück Gehirn entfernt. Der Hüftknochen ist das Zeichen des Körpers, das Gehirn das Zeichen des Geistes.

Beim Festmahl des »Kathe« und der trauernden Männer soll der zermalmte Hüftknochen unter das Essen gemischt sein, auch das Stück Gehirn. Der Kathe hat beides zu sich zu nehmen. In dem Augenblick, in dem er das tut, hat er – nach dem Glauben der Hindus – Körper und Geist des Verstorbenen in sich aufgenommen. Auch ein Gottkönig kann in seinem Leben Böses getan haben. Der Geist dieses Bösen könnte den neuen König behindern und Unheil anrichten. Das soll vermieden werden. Der »Kathe«, der nun Körper und Geist des Verstorbenen in sich aufgenommen hat, wird des Landes verwiesen.

Gleich nachdem er die Mahlzeit beendet hat, setzt man den Kathe, den Träger der Sünden und des Bösen, auf den Elefanten des verstorbenen Königs und treibt diesen über die Berge aus dem Land, bis nach Indien. Damit aber die Geister des Verstorbenen auch dort jenseits der Grenze bei dem Sündenträger bleiben, gibt man diesem persönliches Eigentum des Verstorbenen mit: Geld und Gold, Kleidung und Schmuck, Pferde und Elefanten, alles, was dem Verstorbenen besonders lieb war. Der Kathe darf das Land nie mehr betreten.

Als König Mahendra 1972 starb, wurde der Kathe nicht mehr des Landes verwiesen, sondern nur noch aus der Stadt Katmandu, in der der Palast des Königs steht. Vielleicht lebt der ehrenvolle Kathe noch heute bei seiner Familie, jenseits des Flusses...

Ich habe oft überlegt, was wohl hinter dieser – für uns doch sehr eigenartig anmutenden – Tradition steht, ohne mir jedoch darüber letztlich klar geworden zu sein.

Der weiße Elefant

Ich schlage die Zeitung auf
Zwei künstliche Nieren in der Hauptstadt
Auf dem Land stirbt jedes zweite Kind
Einfacher helfen ist nicht einfach

Im März, Cheitra ma

Namaste, Indira Manuela!

Du weißt, ich war wieder einmal in Nepal. Ich empfinde es als ein großes Glück, einmal im Jahr dort sein zu dürfen. Das ist ja heute kein Problem mehr. Man fliegt von Frankfurt nach New Delhi, und wenn man will, kann man noch am gleichen Tag nach Katmandu weiterfliegen. Ich mache meistens noch einen bis zwei Tage Pause in Delhi, um mich an die andere Lebensart und das andere Klima zu gewöhnen. Manchmal fahre ich auch von Delhi aus mit dem Zug bis an die nepalische Grenze. Das dauert länger, aber wenn ich zuerst in den westlichen Teil Nepals will, ist das die günstigere Route.

In jedem Frühjahr tagt in Katmandu die Generalkonferenz der »United Mission to Nepal«. Vertreter all der vielen Missionsgesellschaften und der dazugehörigen Organisationen treffen sich zu einem Erfahrungsaustausch, planen neue Projekte und erläutern Rechenschaftsberichte von der Arbeit in Nepal. Meistens besuche ich vor der Tagung noch einige Entwicklungshilfe-Projekte, um eine praktische Anschauung von dem zu haben, was ich später nur noch theoretisch höre und sehe.

Am meisten freue ich mich, gleich am ersten Tag in Nepal die einheimische Tageszeitung zu lesen. Es gibt verschiedene Zeitungen, die meist gelesenen sind »Rising Nepal« in englischer Sprache und »Gorkha-Patra« in nepalischer Sprache. Ich bin immer ganz erstaunt, wie viel in diesen Zeitungen zum Beispiel auch über unser

Land zu lesen ist. Wenn ich dagegen denke, was bei uns über Nepal zu lesen ist...

Diesmal fand ich einen ganz besonders interessanten Artikel im »Rising Nepal«. Er veranlaßt mich, Dir wieder einmal etwas zum Thema »Umdenken« zu schreiben.

Rising Nepal berichtete, daß eine Gruppe von 26 deutschen Ärzten nach Nepal gekommen sei, um dem Land die erste von zwei geschenkten »künstlichen Nieren« zu überbringen. Diese Ärzte würden ihre Reise sehr genießen, denn in dieser Jahreszeit, im Frühjahr, ist Katmandu besonders schön. Die Überbringer dieser wertvollen Spende wurden großartig empfangen und gebührend gefeiert. Das Geschenk hatte immerhin einen Wert von 120000 DM.

Ich erfuhr noch andere Zahlen aus der Gesundheitspolitik Nepals: Die Kindersterblichkeitsrate liegt noch immer bei 50%, die Hälfte aller Kinder stirbt, ehe sie fünf Jahre alt werden. Die häufigsten Ursachen sind Fehlernährung und Infektionskrankheiten wie zum Beispiel Masern. Mehr als ein Viertel aller an Masern erkrankten Kinder sterben in Nepal. Eine einmalige Spende von 5000 DM ermöglichte die erste Masernschutzimpfung.

Ich erfuhr auch, daß es in Nepal für etwa 14 Millionen Menschen knapp 500 Ärzte gibt, von denen fast die Hälfte in der Hauptstadt oder in anderen größeren Städten leben und arbeiten. In den Bergen rechnet man im Durchschnitt mit sechs bis acht Tagesmärschen bis zum nächsten Arzt. Die Universität in Katmandu hat

noch keine medizinische Fakultät. Die Ärzte wurden im Ausland ausgebildet. In Nepal werden medizinische Hilfskräfte nach dem chinesischen Prinzip der »Barfuß-Doktoren« ausgebildet. Sie sind dann verantwortlich für die medizinische Versorgung von 20000 bis 40000 Menschen, können allerdings nur leichtere Krankheitsfälle behandeln.

Hätte man das Geld, das man für die »künstlichen Nieren« ausgab, nicht besser in die allgemeine medizinische Versorgung fließen lassen sollen? – Aber solche Gedankengänge wären nur möglich, wenn sich die Verantwortlichen ein wenig mehr auf die Situation des Landes und weniger auf ein eindrucksvolles Geschenk eingestellt hätten. Freilich, dazu wäre es wohl nötig gewesen, das Land zu bereisen, und das ist wegen der fehlenden Verkehrsverbindungen mit großer Mühe verbunden. Man zog es vor, in einem guten Hotel in der Hauptstadt zu bleiben. Man hätte wohl auch nicht so wunderschöne Fotos von dankbar lächelnden nepalischen Ärzten mitnehmen können, wenn man sich mehr Zeit für wichtige Kleinprojekte genommen hätte. Mehr Engagement hätte für einige tausend Menschen Hilfe bedeutet; so werden es vielleicht dreißig glückliche Patienten sein.

Die Ärzte in Nepal haben die Geräte dankbar entgegengenommen, obwohl doch auch sie wissen müßten... Aber leider gibt es auch unter ihnen viele, denen Pre-

In einem Land, wo viele Kranke oft mehrere Tage weit zur nächsten medizinischen Station getragen werden müssen, kann eine aufwendige medizinische Apparatur wie ein Hohn auf die Nöte von Millionen wirken.

stigedenken im beruflichen und privaten Bereich weit über soziales Empfinden geht.

Auch Geschenke müssen in voller Verantwortung gegeben werden. Wieder einmal wurde ein großer »weißer Elefant« gebaut, und wieder einmal hat man an den Bedürfnissen des Volkes und den Erkenntnissen der Regierung vorbei geschenkt.

König Birendra aber weiß genau, um was es geht. Er sagte auf einem Ärzte-Kongreß: »Grundlegende Gesundheitsfürsorge für jeden Nepalen – für Männer, Frauen und Kinder, im Hügelland, im Hochgebirge und in der Ebene des Terai – das ist das dringende Gebot des Tages! Die Bedeutung des Problems wird uns mit Gewalt deutlich, wenn wir daran denken, daß kaum Ärzte in unserem Land sind. Heute brauchen wir nicht nur eine größere Zahl von medizinischen Fachkräften, sondern auch eine breit angelegte Gesundheitsaufklärung und -vorbeugung!« Programme der vorbeugenden Gesundheitspflege bringen keine schnell sichtbaren Erfolge, sie fordern viel Zeit und Geduld. Man kann sie nicht fotografieren. Sie sind meistens nicht sehr teuer, aber man braucht viele Menschen, die im vorbeugenden Gesundheitsdienst arbeiten.

In einigen wenigen Schulen wird Hygiene, Ernährungslehre, Gesundheitserziehung unterrichtet, meist fehlen dafür jedoch die Lehrer.

In einigen Krankenhäusern erhalten die Patienten während ihres stationären Aufenthaltes zahlreiche Gesundheitsinformationen, aber oft haben Ärzte und Krankenschwestern nicht genügend Zeit dafür, und geeignetes Hilfspersonal gibt es nicht. Einige ausländische Entwicklungshilfeprogramme beziehen den vorbeugenden Gesundheitsdienst mit ein, aber meistens fehlen die Fachleute dafür.

Das macht mich sehr traurig. Wann werden wir lernen, den anderen ernst zu nehmen, nach seinen Bedürfnissen und Erwartungen zu fragen und nicht unser Wissen und Wollen zum Maßstab dessen machen, was wir »Hilfe« nennen?

Praktische Ökumene

Es fing mit Dr. Flemings Vögeln an
Damals gab es nur einen Arzt im Land
Einladung zum König – Eingeladen durch den König
Praktizierte Hilfe zur Selbsthilfe

Im April, Baischak ma

Namaste, Indira Manuela!

Du fragst in Deinem letzten Brief, wie es denn dazu kam, daß so viele Missionsgesellschaften aus verschiedenen Ländern sich zur »United Mission to Nepal« zusammenschlossen. Davon will ich Dir heute erzählen.

Nepal ist immer ein selbständiges Königreich gewesen. Früher hatte es Handelsbeziehungen mit Indien und China. Es war bekannt wegen seiner hohen Kultur, seiner Baudenkmäler und seiner Religionen. Ein altes, traditionsreiches Kulturland!

Du weißt sicher, daß in Indien schon seit vielen Jahren zahlreiche Missionsgesellschaften arbeiten. Heute leben ungefähr 15 Millionen Christen in Indien. Die ausländischen Missionare wären gerne nach Nepal gegangen, aber es gab ja die fast unüberwindlichen natürlichen Grenzen, und außerdem gewährte die nepalische Regierung Fremden keinen Einlaß. Vor gut 150 Jahren erreichten zwei katholische Mönche Katmandu. Sie lebten dort einige Zeit, aber es ist ihnen nicht gelungen, ihren Glauben zu verbreiten.

In diesem Jahrhundert haben sich viele Missionsgesellschaften an den Grenzen Nepals in Indien niedergelassen. Sie bauten Schulen und Krankenhäuser. Viele Kranke aus dem Grenzgebiet Nepals kamen nach Indien, um hier Hilfe zu finden. Nepalische Familien schickten ihre Kinder nach Indien in eine Missionsschule. Auch der jetzige König ist eine Zeitlang in Darjeeling in eine solche Schule gegangen.

In einer dieser Missionsschulen im Nordwesten Indiens arbeitete Dr. Robert Fleming als Biologie-Lehrer. Er war als Fachmann für Vogelkunde weit über die Grenzen Indiens hinaus bekannt. Verschiedene Museen in Amerika hatten ihm schon Aufträge gegeben, die Vogelwelt des Himalaya-Gebirges zu erforschen. So weit das möglich war, tat er das, aber der größte Teil des Himalaya liegt bekanntlich in Nepal, und dorthin zu kommen, war unmöglich.

Erstaunlicherweise war es schließlich dennoch einem amerikanischen Naturkunde-Institut gelungen, für Dr. Fleming und einige Begleiter die Einreiseerlaubnis für Nepal zu bekommen. Auch die nepalische Regierung war daran interessiert, mehr über die Vogelwelt im eigenen Land zu erfahren. Das Visum galt für drei Monate. Dr. Fleming stellte also ein Team zusammen für diese ungewöhnliche Reise. Auch zwei Ärzte gehörten dazu, nämlich seine Frau Dr. Bethel Fleming, und Dr. Carl Fredericks. Man bereitete sich auf eine anstrengende Zeit vor.

Drei Monate wanderten und kletterten die Amerikaner durch das Gebirge Nepals. Sie trafen keine anderen Ausländer. Sie sahen viele interessante Vögel und genossen die herrliche, abwechslungsreiche Landschaft. Vor allem aber trafen sie viele Menschen, die in großer Not waren, denn damals gab es nur einen Arzt im ganzen Land, der in Katmandu lebte. Bald schon waren die Medikamente aufgebraucht, die man auf die Expedition mitgenommen hatte, nicht etwa weil die Reisenden oft krank waren, sondern weil man sie kranken Menschen in Nepal gegeben hatte. Die beiden Ärzte hatten viel zu tun.

Nach drei Monaten kehrte die Gruppe nach Indien zurück, schickte das Forschungs-Ergebnis über die Vogelwelt im Himalaya nach Amerika – und, oh Wunder, für das nächste Jahr erhielten die Flemings und ihre Begleiter noch eine Einreiseerlaubnis für Nepal.

Diesmal nahm man viel mehr Medikamente mit, und die Ärzte bereiteten sich viel besser auf die schwierigen Bedingungen vor, unter denen sie die Kranken behandeln mußten. Die Kunde von den reisenden amerikanischen Ärzten verbreitete sich rasch im Land, und Kranke von sehr weit entlegenen Dörfern kamen, um sich behandeln zu lassen.

Noch ein drittes Mal sollte eine Forschungs-Expedition durchgeführt werden. Diesmal wollte man auch nach Katmandu. Wie erstaunt waren die Flemings, als sie vom König empfangen wurden und er ihnen dankte, besonders für die medizinische Hilfe. Der König selbst lud Frau Dr. Fleming ein, nach Nepal zu kommen, um dort ein Krankenhaus einzurichten.

Überglücklich kehrten die Flemings und die anderen Expeditionsteilnehmer diesmal nach Indien zurück. Frau Dr. Fleming sah sich sogleich nach Mitarbeitern um, die bereit waren, sie nach Nepal zu begleiten. Sie suchte nicht nur unter den Angehörigen ihrer eigenen Mission, sondern auch bei allen angrenzenden Missionsstationen. Nach einiger Zeit fanden sich fünf Hilfsorganisationen, die bereit waren, die »United Mission to Nepal« zu gründen, um in Nepal medizinische Arbeit zu leisten. Das war 1954.

Heute, knapp dreißig Jahre später, sind es über 30 Organisationen. Es arbeiten mehr als 200 Missionsmitarbeiter in Nepal. Neben der medizinischen Arbeit sind Schulen eingerichtet worden, landwirtschaftliche und technische Projekte kamen dazu. Die Mission arbeitet mit der Regierung zusammen bei der Ausbildung von Handwerkern, von Krankenschwestern und anderem medizinischen Personal.

Es ist großartig, diese praktische Ökumene in der gemeinsamen Arbeit zu erleben. In einem Land, in dem der Hinduismus Staatsreligion ist und in dem die Zahl der Christen noch nicht einmal 1% erreicht hat, heißt Christ sein ganz besonders, sich auf Jesus Christus zu verlassen.

Aber die gelebte Ökumene in Nepal geht noch weiter. In Katmandu gibt es eine katholische Jungenschule und eine katholische Mädchenschule. Die Priester und Nonnen, die diese Schulen leiten, sind Freunde der evangelischen Missionsarbeiter. Man berät oft gemeinsam, plant manches zusammen; Ostern, Weihnachten und all die anderen christlichen Feste werden in ökumenischer Gemeinschaft begangen. Es ist gut, sich öfter daran zu erinnern.

Unabhängig von der Mission bildet sich inzwischen eine christliche Gemeinschaft in Nepal. Es ist interessant, daß besonders an Orten, in denen keine Missionsprojekte vorhanden sind und in denen noch nie Missionare tätig waren, die christliche Gemeinde dennoch wächst. Nepalische Christen sind wohl die besten Missionare und wirken viel glaubhafter als wir »reichen« Ausländer, die ja doch nach einigen Jahren wieder nach Hause gehen.

Etwa zehntausend Christen gibt es heute. Viele werden von ihren Familien und ihrer Dorfgemeinschaft verstoßen. Einige mußten ins Gefängnis, weil sie den hinduistischen Göttern und Priestern keine Opfer mehr bringen wollten und deshalb angezeigt wurden. Fragt man sie, warum sie unter diesen Umständen Christen wurden, antworten sie, daß sie durch Christus frei wurden. Frei, auch wenn Gefängnisstrafe droht! Frei, weil sie sich von Gott geliebt wissen und die Götter ihren Schrecken und ihre Macht verloren haben!

Diese Bedeutung der Freiheit des christlichen Glaubens und die Furchtlosigkeit des Christen in Nepal ist etwas, wovon ich auch noch etwas lernen möchte.

Leben zwischen den Religionen

Sunil wird gewaschen
Handel um ein Frühstück
Wir lernen das ABC
Tempel oder Taufe
Ein unruhiges Wochenende
Die weltweite Familie

Im Mai, Dschestha ma

Namaste, Indira Manuela!

In diesem Monat ist Deine Konfirmation. Bald werden wir uns wiedersehen, denn ich komme natürlich zu diesem Fest. Es werden sicher viele Gäste da sein. Bestimmt wird es eine frohe Feier.

Die Konfirmation bedeutet die Bestätigung Deiner Taufe. Das Versprechen, das Deine Eltern und Paten bei Deiner Taufe gaben, gibst Du nun selbst. Dieses Versprechen gilt für Dein ganzes Leben. Ich wünsche Dir, daß Du stark genug bist, es zu halten.

In diesem Brief will ich Dich in meine nepalische Familie hineinnehmen. Denn eines Tages hatte die »Frau ohne Familie« einen Pflegesohn. Er kam zu mir, als ich in jenem ersten Dorf wohnte. Eines Abends stand er vor der Türe und bat um Aufnahme. Nein, eigentlich bat er nicht darum, sondern er kam ganz selbstsicher und sagte: »So, nun bin ich hier.« Damals war er ungefähr acht Jahre alt; er war schmutzig und sah recht hungrig aus. – Es ist in Nepal üblich, Gäste, die am Abend kommen, aufzunehmen. So tat ich's also mit diesem kleinen Jungen, der mir erst später sagte, wie er heißt. Sein Name brachte mich zum Lachen; Du weißt schon, warum!

Ich nahm also den kleinen Gast auf, gab ihm zu essen, nahm mein letztes Wasser, um ihn zu baden, und steckte ihn ins Bett. Am nächsten Morgen sollte er weiterziehen. Ich wußte nicht, wohin er gehörte und woher er kam.

Das Haus, in dem ich wohnte, hatte kein fließendes Wasser. Eine Frau aus dem Dorf kam jeden Morgen, um es mir aus einem Brunnen zu holen. Da ich das wußte, hatte ich an jenem Abend ohne Sorge das letzte Wasser genommen, um Sunil zu waschen. Aber am nächsten Morgen kam die Nachbarin nicht. Ich wollte meinen Frühstückstee haben, auch der Junge sollte etwas essen und trinken – dann sollte er weiterziehen. Aber zu dem Ärger, daß die Wasserträgerin nicht erschien, kam die Überraschung, daß der Junge gar nicht bereit war, wieder zu gehen. »Nein«, sagte er, »ich bleibe jetzt bei dir!« Ich war sehr ungehalten. All das am frühen Morgen, vor dem Frühstück!

Schließlich kamen die Kinder der Wasserträgerin. Sie erzählten, ihre Mutter könne nicht kommen, da sie krank sei. Statt dessen baten sie mich, ihr Medizin zu bringen.

Aber nicht ohne Frühstück! Das stand für mich fest. Weil ich selbst zu bequem war, Wasser zu holen, war ich froh, daß sich mein kleiner Gast dazu bereit erklärte. Er schlug folgenden Handel vor: Er würde Wasser holen, ich möge ihm den Tag über genug zu essen geben. »Aber morgen gehst du weiter!«, war mein Schlußsatz; er schaute mich groß an, holte tief Luft und ... dann das Wasser.

Natürlich erkundigte ich mich im Dorf, wer dieser Junge sei. Niemand kannte ihn oder seine Eltern. Meine Dorfnachbarn meinten: »Bei dir geht's ihm sicher besser als da, wo er hingehört und offensichtlich weggelaufen ist. Behalte ihn doch bei dir!«

Ich hatte kein Interesse daran, auf diese Weise zu einem Kind zu kommen. Nein, bleiben sollte der Junge nicht!

Die Wasserträgerin war drei Wochen lang krank. Der Junge blieb drei Wochen. Nun, und dann war's zu spät. Wenn man ein Kind erst einmal so lange im Haus hat, kann man es nicht einfach abschieben. Also beschloß ich, den Jungen zu behalten, bis ich herausgefunden hätte, wo er hingehört.

Viel später erfuhr ich, daß Sunil ein Vollwaise war, der bei einem Bauern gearbeitet hatte. Dieser aber gab dem kleinen Jungen immer mehr Arbeit und immer weniger Essen. Als Sunil dann hörte, daß ein oder zwei Tagereisen entfernt eine »große Schwester« wohnte, nahm er die nächste Gelegenheit wahr und kam zu mir. So kam ich zu Sunil – und er zu mir. Der erste Schritt zu meiner nepalischen Familie war getan.

Damals lernte ich noch die Sprache und die Schrift meiner Nachbarn. Allabendlich bemühte ich mich, diese neuen Schriftzeichen zu üben und alle Haken und Striche richtig zu erkennen. Der kleine Junge langweilte sich natürlich sehr, denn unterhalten konnte ich mich dabei nicht. Schließlich dachte ich, daß es ganz nützlich sei, ihm auch die nepalische Schrift beizubringen. Schon nach kurzer Zeit konnte er wesentlich besser lesen und schreiben als ich. Nun sollte er auch gleich in eine Schule gehen. Die aber war weit entfernt, und deshalb konnte mein »Sohn« Sunil nur selten nach Hause kommen.

Als er wieder einmal zu einem längeren Wochenendbesuch kam, stritten wir uns das erste Mal. Das Wochenende hatte, wie immer, froh begonnen. Er kam aus der Schule und hatte zwei freie Tage vor sich. Wir hatten große Pläne, was wir alles gemeinsam tun wollten. Am Abend saßen wir dann zusammen und erzählten. Wie jeden Abend hielten wir eine Andacht, dann blieben wir noch lange sitzen. Von vielem redeten wir, auch von unserem Glauben. Er erzählte mir von seinen Schulkameraden, die täglich zu den Tempeln gingen, aber immer nur Angst hätten, daß die Götter nicht zufrieden seien mit ihren Opfergaben. Er sagte, daß diese Jungen noch nie etwas von dem Gott der Liebe gehört hätten. Als er einmal seinen Freunden erzählte, daß er an diesen Gott glaube, hätten sie gelacht. Er habe ihnen aber gesagt, daß dieser eine Gott die Menschen so lieb hat, daß man ihm keine Opfergabe bringen müsse. Der

Lehrer hätte auch zugehört und gesagt, das sei alles Unsinn. Am nächsten Morgen hätte er dann mit zum Tempel gehen müssen, aber er habe dem Lehrer erwidert, er sei kein Hindu, sondern ein Christ. Da hätte der Lehrer gelacht und gemeint, alle Nepalen seien Hindus.

»Aunty, ich möchte mich taufen lassen. Dann bin ich wirklich ein Christ. Dann kann der Lehrer nicht mehr lachen.« Ich war sehr erschreckt über diese Bitte. Mein Pflegesohn war erst sechzehn Jahre alt. In Nepal steht auf Religionswechsel eine lange Gefängnisstrafe, falls man angeklagt wird. Daß der Junge Christ ist, wußte ich schon lange. Sunil hatte sich bewußt von seinem hinduistischen Glauben abgewandt; nur die Taufe fehlte ihm noch. Ich hatte immer gedacht, daß er sich später, als Erwachsener, taufen lasse. Nun kam er schon jetzt damit.

»Nein«, sagte ich, »du kannst als Christ leben wie bisher. Wenn du dich taufen läßt, ist die Gefahr zu groß, angezeigt und verurteilt zu werden. Du bist zu jung, um dieses Risiko auf dich zu nehmen. Ich möchte nicht, daß du dich schon jetzt taufen läßt.«

Wir haben an diesem Abend noch lange darüber gesprochen. Ich habe ihm immer wieder erklärt, daß Gott ihn auch ungetauft lieb hat, daß Jesus Christus auch für ihn gestorben ist, obwohl er noch nicht getauft sei. Ich erklärte ihm, daß seine ganze Zukunft in Frage gestellt wäre, wenn er jetzt im Gefängnis landen würde. Daß er

Sunil kann heute lachen: Er und seine Frau haben sich ein kleines Haus gebaut, ihre Kinder gehen zur Schule. Sunil ist Christ und stolzer Nepale.

dann nie zu einer Schul- oder Berufsausbildung käme und daß er die Folgen dieses äußeren Aktes des Christwerdens gar nicht übersehen könne.

Sunil war anderer Meinung, und noch den ganzen Sonntag sprachen wir über dieses Thema. Als er dann ging, hatten wir beide wohl zum ersten Mal das Gefühl, einander nicht zu verstehen. Wahrscheinlich war er nun sehr traurig.

Einige Wochen später hörte ich, daß sich Sunil hatte taufen lassen. Ich war erschrocken. Aber Gott würde einem solchen »Grünschnabel« helfen, das wußte ich, und darauf wollte ich vertrauen.

Heute ist der Junge erwachsen; er ist Familienvater, hat einen guten Beruf und gehört zu den Gemeindeältesten einer kleinen christlichen Ortsgemeinde. Er ist bisher nicht im Gefängnis gewesen. Niemand hat ihn verklagt. Gott möge ihn und seine Familie auch weiter behüten!

Vor einigen Monaten haben wir das Gespräch von damals wieder aufgenommen. Er erklärte mir, daß er nie Christ geblieben wäre, hätte er sich damals nicht taufen lassen. »Der Bruch mit den Göttern mußte total vollzogen werden«, so sagte er. »Ich mußte sicher sein, zu Jesus Christus zu gehören. Erst als ich dieses in der Taufe erfahren hatte, konnte ich dem Drängen der Schulkameraden und des Lehrers widerstehen. Immer wollten sie mich mitnehmen in den Tempel. Manchmal war ich sehr einsam. Wenn all die anderen die lustigen Tempelfeste feierten, blieb ich allein zurück. Wenn ich in solchen Augenblicken nicht gewußt hätte, daß ich zur großen, weltweiten Familie der Christen gehöre, dann wäre ich vielleicht doch wieder zum Tempel mitgegangen. Sie haben mich sogar bedroht. Sie haben gesagt, daß sie mich anzeigen werden. Aber du hast die Götter nie gekannt, Aunty; du weißt nicht, wie fest sie einen halten. Ich hätte es ohne Taufe nicht geschafft. Auch heute noch brauche ich immer die Gewißheit, Christ zu sein.«

Heute schäme ich mich, daß ich damals mehr Angst als Gottvertrauen hatte. Ich schäme mich auch, weil ich die Taufe nur als äußeren Akt betrachtet hatte. Gott gebe uns immer wieder Kraft und Mut, ihm wirklich mehr zu vertrauen, als die Menschen zu fürchten.

Mädchen, Frauen, Freundinnen

Tuleshwari und die Geisterbrücke
Laxmi wird Sunils Schwester
Sie lernte in Indien
Spannungen in einer jungen Familie
Asha Devi sorgt für die Töchter in drei Ländern

Auch im Mai, Dschestha ma poni

Namaste, Indira Manuela!

Von einigen meiner Freunde muß ich Dir noch erzählen, sonst ist das Bild meiner nepalischen »Großfamilie« nicht vollständig. Das Leben dieser Frauen ist sehr verschieden verlaufen, und doch ist jedes »typisch« für Nepal.

Tuleshwari ist wohl genau so alt wie ich. Sie kommt aus hoher Kaste und gehörte zur Mittelschicht. Sie heiratete früh und hatte einen guten Mann. Er war sehr modern und baute bald ein kleines Lehmhaus für seine junge Familie. Als der Sohn Ramesch geboren wurde, war die junge Familie glücklich.

Leider währte das Glück nicht lange. Der Mann starb, als Ramesch drei Jahre alt war. Weil die junge Familie nicht mit der Familie des Mannes zusammen gelebt hatte, sorgte nun auch niemand für Tuleshwari und ihren Sohn. Zum Glück fand sie bald eine Arbeitsstelle als Haushaltshilfe bei einer schottischen Missionsärztin. Tuleshwari kam jeden Morgen sehr früh, und abends vor dem Dunkelwerden ging sie nach Hause. Sie hätte sich nie getraut, in der Dunkelheit heimzugehen, denn sie mußte über eine kleine Brücke gehen, und man sagte, dort gebe es Geister.

Als Ramesch älter war, ging er zur Schule. Die Ärztin half das Schulgeld bezahlen. Tuleshwari war nie zur Schule gegangen. Wenn Ramesch Hausaufgaben machte, versuchte sie, mit ihm zu lernen. Das muß mühsam gewesen sein, denn außer dem sechsjährigen Jungen war niemand da, der ihr etwas erklärte.

Eines Tages – die Ärztin, bei der sie arbeitete, hatte Gäste zum Abend eingeladen – sagte Tuleshwari: »Heute gehe ich erst heim, wenn ich schon gespült habe«. Die Schottin war sehr erstaunt: »Hast du denn keine Angst?« – »Nein! Ich habe manchmal tagsüber, wenn du zur Arbeit warst und ich etwas Zeit hatte, in diesem Buch gelesen«, und sie zeigte auf die nepalische Bibel. »Darin las ich, daß Gott immer bei uns ist. Darum habe ich keine Angst mehr. Was können mir Geister schon tun, wenn Gott bei mir ist!« Seit dem Tag hat Tuleshwari keine Angst mehr.

Ihr Sohn Ramesch und mein Sohn Sunil sind fast gleichaltrig; wir zwei »alleinerziehende Mütter« sind gute Freundinnen geworden. Tuleshwari arbeitet jetzt in einem Mädcheninternat als Betreuerin. Einmal habe ich sie mit nach New Delhi genommen. Das war die einzige große Reise, die sie je unternommen hat. Tuleshwari, die erst als erwachsene Frau lesen und schreiben lernte, ist Gemeindeälteste in ihrer Kirchengemeinde und eine angesehene Frau in ihrer Dorfgemeinschaft.

Ganz anders verlief das Leben meiner »Tochter« Laxmi. Ihre Eltern hatten sich lange Zeit vergeblich ein Kind gewünscht; und der Vater hatte geschworen, daß dieses Kind – wenn ihr Wunsch in Erfüllung ginge – Buddha geweiht werde. So wurde Laxmi zu einer frommen Buddhistin erzogen. Ihre Mutter war kurz nach ihrer Geburt gestorben. Der Vater schickte seine Tochter zur Schule. Als sie ihm eines Tages erklärte, Krankenschwester werden zu wollen, war er entsetzt.

Nein, sie sollte doch ganz für die Religion leben! Aber das junge Mädchen, dem der Vater kaum etwas abschlagen konnte, setzte sich durch. Sie wurde an einer Krankenpflegeschule angenommen, und die Ausbildung machte ihr viel Freude. Während ihres ersten Lehrjahre starb der Vater. Nun stand Laxmi ganz alleine in der Welt. Sie bekam einen Nervenzusammenbruch und mußte die Ausbildung abbrechen.

Ich hatte damals Laxmi als Krankenpflegeschülerin kennengelernt, sie aber dann aus den Augen verloren. Eines Tages in der Stadt stand sie wieder vor mir: sehr krank, geistig ziemlich durcheinander, verhungert, einsam, heruntergekommen. Ich suchte für sie einen Arzt, der ihr half, und Laxmi kam zu mir in mein Dorf. Sie erholte sich langsam und half mir in meiner Klinik. Als Übersetzerin für den Dialekt der Region war sie mir unbezahlbar. Sie wußte ja auch schon einiges über Gesundheitslehre und Krankheiten, und ihr Unterricht für die Kinder war großartig. So wurde sie schließlich meine »Tochter«, und mit Sunil zusammen waren wir eine glückliche Familie.
Als ich von Nepal wegging, nahm Laxmi eine Stelle als Arzthelferin an, und bei einem meiner späteren Besuche konnte ich ihr helfen, wieder in der Krankenpflegeschule angenommen zu werden. Sie bestand dann das Examen sehr gut und machte anschließend eine Hebammen-Ausbildung. Dann ging sie nach New Delhi und wurde Gesundheitserzieherin. Es gibt nur wenige Frauen, die diese Ausbildung in Nepal haben, und Laxmi bekam dann auch bald eine gute Stelle in einem Gesundheitsprojekt der Regierung.

Während eines kurzen Zusammenseins nahm Laxmi – für mich sehr überraschend – das Neue Testament zur

Hand und las daraus vor. Ich war sehr erstaunt: »Bist du denn Christin, Laxmi?« – »Nein, Schwester, ich bin Buddhistin. Das weißt du doch.« – »Ja, aber du liest doch im Neuen Testament. Das ist das Buch der Christen.« – »Ja, das weiß ich«, sagte sie da, »aber ohne dieses Buch kann ich nicht mehr leben.« Mein Besuch war zu kurz, um ausführlich mit Laxmi darüber zu reden. Jeden Abend las also die Buddhistin Laxmi für sich und ihre hinduistischen Nachbarn aus dem Neuen Testament vor.

Eines Tages erreichte mich ein sehr froher Brief meiner Pflegetochter Laxmi. Sie hatte einen netten Mann getroffen und ihn geheiratet. Er sei zwar Hindu, toleriere aber ihren buddhistischen Glauben und lese auch jeden Abend im Neuen Testament. Ich freute mich, daß sie einen Gefährten fürs Leben gefunden hatte – um so mehr, als ich den Mann schon früher als tüchtigen Menschen kennengelernt hatte.

Laxmi bekam eine kleine Tochter. Das junge Ehepaar war sehr glücklich. Ich besuchte sie, als das Töchterchen erst einige Tage alt war. Was ich erlebte, hat mich sehr erschüttert. Laxmis Mann verlangte von ihr, daß sie alle Regeln der strengen Hindu-Gesetze einhielt: Sie durfte kein Obst essen, die Küche nicht betreten, bis das Kind sechs Wochen alt war, und sie mußte sehr viel Fett essen, obwohl sie eigentlich schon viel zu rundlich war. Ich habe lange und oft mit den jungen Eheleuten über diese Regeln und Sitten gesprochen. Beide hatten verstanden, daß diese Vorschriften zum Teil widersprüchlich und unvernünftig waren. Ich versuchte zu vermitteln, daß das doch offensichtlich Schutz-Regeln für junge Mütter im alten Dorfverband sein sollten und

erklärte das an Beispielen. Für eine Familie in der Stadt sei das doch ganz anders. Laxmi hätte das doch auch schon viele Male im Unterricht gelehrt. Ob sie denn das alles vergessen habe? – Nein, beide gaben mir in allem Recht. »Aber«, so sagte der junge Mann, »wenn die Götter die alten Regeln eingesetzt haben? Wenn sie Verstöße bestrafen?« – Ich war erstaunt und fragte, ob er denn an die Götter glaube, – »Nein, eigentlich nicht, aber wenn sie trotzdem Macht über uns haben?« – Laxmi war sehr traurig, weil ihr Mann ihr nicht erlaubte, das Kind mit in den buddhistischen Tempel zu nehmen. – Aber gemeinsam lasen sie nach wie vor täglich im Neuen Testament.

Später bekam ich wieder Post von Laxmi. Sie schrieb sehr verwirrt. Ich konnte nicht verstehen, was sie meinte. Dann erhielt ich Nachricht von ihrem Mann, Laxmi sei schwer erkrankt. Als ich sie besuchte, erkannte Laxmi mich kaum. Sie war krank, sehr krank. Ihre Nerven konnten das Leben zwischen Hinduismus, Buddhismus und Neuem Testament nicht mehr aushalten.

Nach mehr als zwei Jahren erreichte mich endlich wieder ein Brief von Laxmi. Sie hat einen neuen Lebensweg eingeschlagen und sich von ihrem Mann getrennt. Inzwischen ist sie Mutter von zwei Kindern. Ihr Beruf hilft ihr, nicht in Not zu leben. Materiell geht es ihr gut. Aber wie geht es ihrer Seele? Der Schwur des Vaters, die Religion des Mannes, der Glaube, den sie durch mich kennenlernte: Wird sie es schaffen, den richtigen Weg für sich und ihre Kinder zu finden?

Eine weitere Frau, vor der ich sehr großen Respekt habe, ist Ascha Devi. Ich lernte sie kennen, weil ihre drei Töchter Schülerinnen in der Schule waren, in der ich arbeitete. Ich wußte, daß sie Witwe ist und irgendwo, weit von der Stadt entfernt, in einem Dorf lebte. Die Kinder konnten nur in den großen Ferien nach Hause gehen. Einmal im Jahr kam ihre Mutter sie besuchen. Ich erfuhr bald, daß es sehr schwer für die Mutter war, ihre drei Töchter Sita, Rita und Gita – allein diese Namen sind für Nepal schon sehr auffallend – in die Schule zu schicken. Ich wollte diese Frau gerne näher kennenlernen. Aber dazu gab es damals keine Gelegenheit.

Fast zehn Jahre später sollte ich diese Chance doch noch haben. Eines Tages erhielt ich einen Brief von Rita aus Leningrad. Sie schrieb, sie studiere dort Medizin und möchte mich gerne besuchen. Das war herrlich für mich. Wir verlebten zwei gute Sommermonate in Deutschland. Rita erzählte mir, daß die älteste Schwester Sita inzwischen ein Examen in Wirtschaftswissenschaften habe und im Ausland arbeitet. Sie selbst, Rita, hatte ihr Schulabschluß-Examen als zweitbeste des Landes bestanden und darum ein Stipendium für das Studium bekommen. Gita, die jüngste Schwester, ging noch zur Schule, machte aber ein Jahr darauf ihren Schulabschluß und studiert nun Medizin in Budapest. Die drei Dorfmädchen sind sehr selbständige junge Frauen geworden.

Vor einem Jahr besuchte ich ihre Mutter in ihrem Dorf. Da erfuhr ich ihre Geschichte: Sie war mit 14 Jahren von ihren Eltern verheiratet worden. Ihr Mann war Soldat in der indischen Armee, und sie lebte mit ihm in Indien. Bei einer Grenzauseinandersetzung mit China ist er gefallen. Sie und die drei kleinen Mädchen mußten nach Nepal ins Dorf zurück. Da nahm sie sich vor, ihre Töchter sollten einmal ein leichteres Leben haben als sie. Alles wollte sie dafür tun.

Zunächst schickte sie die Älteste in die Dorfschule. Aber dann hörte sie von der guten Mädchenschule in der Stadt. Sie wanderte mit ihren drei Mädchen acht Tage lang dorthin. Das Schulgeld konnte sie gerade von der Rente bezahlen, die sie nach dem Tod ihres Mannes bekam. So ließ sie die Mädchen dort und hatte nun überhaupt kein Einkommen.

Durch Landarbeit schaffte sie es, für sich zu sorgen. Ein Feld, das sie von ihrem Mann geerbt hatte, verkaufte sie und baute von dem Erlös ein Haus, nicht aus Lehm, wie ihre Nachbarn, sondern aus Steinen und Zement, wie sie es in Indien gehabt hatte. Obwohl alle Nachbarn sie auslachten, baute sie die erste Toilette in ihrem Dorf. Sie war die erste, die für den Brunnen in ihrem Garten eine saubere Umrandung baute. All das erreichte sie nur, weil sie hart arbeitete und sparsam lebte. Ihr Ziel war es, den drei Töchtern, die als einzige Mädchen des Dorfes zur Schule gingen, ein gutes Zuhause zu schaffen. Es gab Schwierigkeiten mit den Baubehörden, mit den Nachbarn und mit den Bauarbeitern. Keiner war es gewohnt, daß eine alleinstehende, verwitwete Frau sich so durchsetzte.

Heute hat Ascha Devi das beste Haus in weiter Umgebung. Sie ist sehr geachtet und gehört zum Dorfrat. Lesen und schreiben lernte sie mit ihren Töchtern gleichzeitig. Heute schreibt sie jede Woche einen Brief an jedes ihrer Kinder, die in drei verschiedenen Ländern leben. Und sie hofft, daß eines Tages ihre Mädchen als Ärztinnen zurückkommen und auch den anderen Leuten ihres Dorfes helfen, besser zu leben.

Liebe Manuela, diese Frauen sind meine Freundinnen. Sie bedeuten mir sehr viel, und ich wünschte, Dir die eine oder andere einmal vorstellen zu können. Spürst Du, daß sich um uns eine große Familie von Menschen schart, in der wir aufeinander angewiesen sind, voneinander und miteinander lernen und füreinander leben?

Wenn ich an Dich denke, dann glaube ich, daß Du vielleicht gar nicht so selten ähnliche Gefühle und Probleme hast wie diese Frauen. Hast Du es vielleicht ähnlich wie Tuleshwari schon erlebt, daß Dich der christliche Glaube von Deiner Angst befreit hat und Dir Ruhe gegeben hat? Oder fühlst Du Dich so hin und her gerissen zwischen verschiedenen Vorstellungen wie Laxmi, so daß es Dich manchmal schier zerreißen möchte? Ich wünsche Dir vor allem, daß Du etwas von der Zielstrebigkeit von Ascha Devi entwickelst und trotzdem – wie sie – offen bleibst für die vielen anderen Menschen und Länder auf dieser Welt. Denn Deine Konfirmation an Pfingsten stellt Dich ja auch in die weltweite Gemeinschaft der Christen hinein.

Du hast nun in meinen Briefen vieles über Dein Geburtsland Nepal erfahren. Es ist zwanzig Jahre her, daß ich zum ersten Mal nach Nepal fuhr – und dieses Land ist mir zur zweiten Heimat geworden. Meine Freundschaften dort haben sich über Jahre bewährt. Ein altes nepalisches Sprichwort sagt: »Freunde sind eine Gabe der Götter«.

Möge Gott Dir viele solche Freunde schenken!

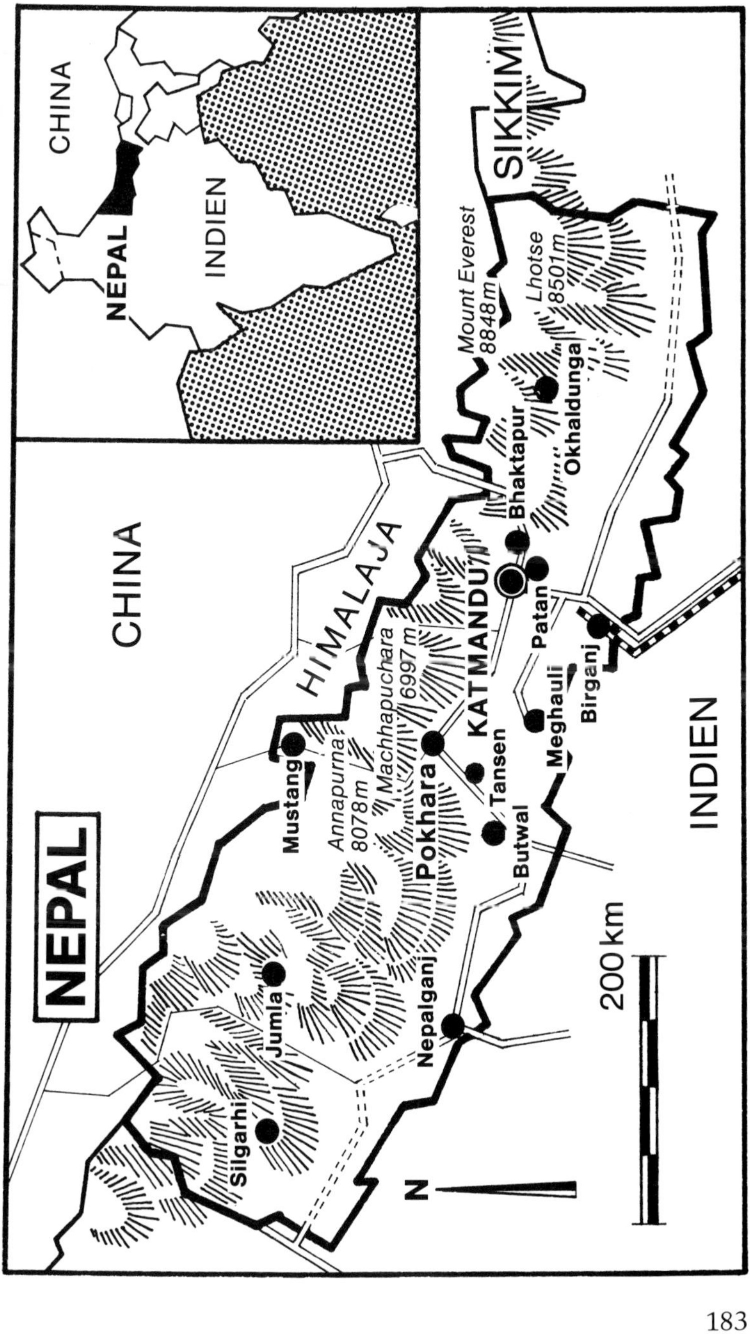
NEPAL
CHINA
NEPAL
INDIEN
CHINA
HIMALAJA
SIKKIM
Mount Everest
8848 m
Lhotse
8501 m
Okhaldunga
Bhaktapur
KATMANDU
Patan
Birganj
Meghauli
Mustang
Annapurna
8078 m
Machhapuchara
6997 m
Pokhara
Tansen
Butwal
Jumla
Silgarhi
Nepalganj
INDIEN
N
200 km

BÜCHER BAUEN BRÜCKEN

des Verstehens zwischen den Kulturen verschiedener Kontinente. Im gleichen Verlag erschienen.

Kasthuri Sreenivasan: *Nur eine Hand voll Erde*
Der Roman vom Leben im indischen Dorf, von Not und Hoffnung, Klugheit und Frömmigkeit, erzählt von Guruswamy, dem Heiligen der Suppenschüssel (ab 14)

Kate Wenner: *Shamba Letu – Kibbuz in Afrika*
Eine kanadische Studentin verlebt ein praktisches Jahr in einem genossenschaftlichen Entwicklungsdorf in Tanzania und begegnet »Ujamaa« (ab 12)

Mechthild Clauss (Herausgeber): Der große Stuhl macht noch keinen König
Hundert Jugendliche in Kamerun schrieben in deutscher Sprache aus ihrem Leben, Denken und Hoffen, von Weisheiten der Alten und Schelmereien der Jungen (ab 12)

Kurt Dietrich Mroßko: *Sanguma – Die Rache der Geister*
Ein Kriminalfall zwischen Steinzeit und Moderne, erzählt nach eigenen Erfahrungen in Neuguinea (ab 10)

Elisabeth Avenarius: *T'olbilha – Eine blinde Indianerin rettet ihr Dorf*
Marta stolpert, Chris ergreift ihren Arm: Diese Begegnung löst Kettenreaktionen vielseitiger »Hilfe zur Selbsthilfe« für die Tzeltal-Indianer im Süden Mexikos aus – ein Tatsachenroman (ab 12)

Shusako Endo: *Schweigen*
Der japanische Roman führt in die Spannungen des 17. Jahrhunderts, in jene Zeit, da sich das Inselreich abschloß gegen Handel und Glauben der Weißen. (ab 14)

VERLAG DER EV.-LUTH. MISSION ERLANGEN